任务1 进气温度传感器电路检修

U0812852

学习目标

（1）能独立分析宝骏 B15 发动机进气温度传感器电路。
（2）能准确识读宝骏 B15 发动机进气温度传感器电路检修流程。
（3）能根据宝骏 B15 发动机进气温度传感器电路检修流程独立检修相关故障。

信息收集

一、收集进气温度传感器电路基本信息

1. 请描述进气温度传感器的作用：____。

2．请在下面空白处分别画出宝骏 B15 发动机进气温度传感器电路低电平参考电压部分和信号部分。

3．请在宝骏 B15 发动机上找出进气温度传感器电路的各个部件，并回答以下问题。
（1）线路 915 的颜色为__________；线路 6118 的颜色为__________。
（2）请在图 1-1 中分别标示出与线路 915 和线路 6118 连接的线束接头端子。

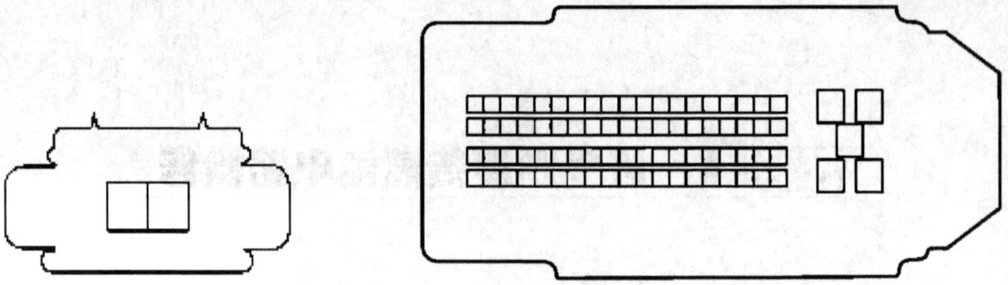

（a）进气温度传感器端线束接头　　（b）发动机控制模块 ECM 端线束接头

图 1-1　宝骏 B15 发动机进气温度传感器电路相关线束接头位置示意图

4．在宝骏 B15 发动机进气温度传感器电路分解中，为什么发动机控制模块 ECM 会分别出现在低电平参考电压部分和信号部分？

二、宝骏 B15 发动机进气温度传感器电路故障点分析

仔细分析宝骏 B15 发动机进气温度传感器电路各故障点，并回答以下问题。

1．画出线路 6118 对电压短路的等效电路图，写出线路 6118 对电压短路检测步骤。

2．画出线路 6118 对搭铁短路的等效电路图，写出线路 6118 对搭铁短路检测步骤。

3．画出线路 6118 开路的等效电路图，写出线路 6118 开路检测步骤。

4．画出线路 6118 电阻过大的等效电路图，写出线路 6118 电阻过大检测步骤。

任务准备

1．请列举检修宝骏 B15 发动机进气温度传感器电路需使用的工具和设备。

2．请在表 1-1 中写出宝骏 B15 发动机进气温度传感器电路检修步骤。

表 1-1 宝骏 B15 发动机进气温度传感器电路检修步骤

步骤	操作	数值	是	否

任务实施

按步骤检测宝骏 B15 发动机进气温度传感器电路，并将结果填入表 1-2 中。

表 1-2 宝骏 B15 发动机进气温度传感器电路检测与数据分析

序号	检 测 内 容	检测结果	检测结论
1	环境温度		
2	点火开关置于“ON”位置，数据流选项“进气温度传感器”参数		
点火开关置于“OFF”位置，断开进气温度传感器线束接头后，执行第 3 熔断器 6 项操作			
3	线路 915（进气温度传感器端）对搭铁电阻		
4	点火开关置于“ON”位置，数据流选项“进气温度传感器”参数		
5	使用带 3A 熔断器的跨接线跨接线路 6118 与搭铁后，点火开关置于“ON”位置，数据流选项“进气温度传感器”参数		
6	进气温度传感器两端电阻		
点火开关置于“OFF”位置，静置车辆 2min 后，拆下 ECM 线束接头，执行第 7 熔断器 10 项操作			
7	线路 915 端对端电阻		
8	线路 6118 对搭铁电阻		
9	点火开关置于“ON”位置，线路 6118 对搭铁电压		
10	线路 6118 端对端电阻		

考核评价

一、考核要求

教师在宝骏 B15 发动机上预先设置进气温度传感器电路相关故障，学生按照本节所学内容在规定时间内独立将故障排除并填写作业表（表 1-3），在排除过程中达到以下要求：

（1）劳动用品穿戴标准，操作符合 6S 规范。

（2）正确填写故障现象/故障代码/异常数据流。

（3）检测流程科学合理，故障原因分析准确，维修措施得当。

（4）正确验证故障排除效果。

二、考核作业表

宝骏 B15 发动机进气温度电路检修考核作业表如表 1-3 所示。

表 1-3 宝骏 B15 发动机进气温度传感器电路检修考核作业表

故障现象/故障代码/异常数据流：
检测流程：
故障原因：
维修措施：

三、考核标准

配分与评分标准如表 1-4 所示。

表 1-4　配分与评分标准表

序号	作业项目	考核要求	配分（分）	评分标准	考核记录	扣分	得分
1	劳动用品穿戴	劳保用品穿戴齐全	5	穿戴不全不得分			
2	读取故障代码/记录数据流/记录故障现象	按正确流程读取故障代码/正确记录数据流/正确记录故障现象	10	错一步扣 2～5 分			
3	故障检修	用正确的方法诊断故障	50	检测方法错误扣 5～10 分，检测流程错一处扣 5～10 分			
4	故障维修措施	用正确的方法清除故障	10	错一步扣 2～5 分			
5	验证检修效果	按照要求验证排除效果	10	验证方法不当扣 5～10 分，不进行验证扣 20 分			
6	正确使用工具、用具	工具、用具使用正确	5	一种工具、用具使用不正确扣 1 分，扣完为止 损坏丢失一件工具、用具不得分			
7	操作规程	操作规程执行情况	5	违反操作规程不得分			
8	清理现场	清理、擦洗并回收工具、用具	5	少收一件工具、用具扣 1 分，扣完为止 未回收不得分			
合计			100				

任务 2　进气歧管绝对压力传感器电路检修

学习目标

（1）能独立分析宝骏 B15 发动机进气歧管绝对压力传感器电路。
（2）能准确识读宝骏 B15 发动机进气歧管绝对压力传感器电路检修流程。
（3）能根据宝骏 B15 发动机进气歧管绝对压力传感器电路检修流程独立检修相关故障。

信息收集

一、收集进气歧管绝对压力传感器电路基本信息

1．请描述进气歧管绝对压力传感器的作用：____。

2．请分别画出宝骏 B15 发动机进气歧管绝对压力传感器电路低电平参考电压部分、5V 参考电压部分和信号部分。

3．请在宝骏 B15 发动机上找出进气歧管绝对压力传感器电路的各个部件，并回答以下问题。

（1）线路 915 的颜色为__________；线路 914 的颜色为__________；线路 432 的颜色为__________。

（2）请在图 2-1 中分别标示出与线路 915 、914 和 432 连接的线束接头端子位置。

（a）进气歧管绝对压力传感器端线束接头

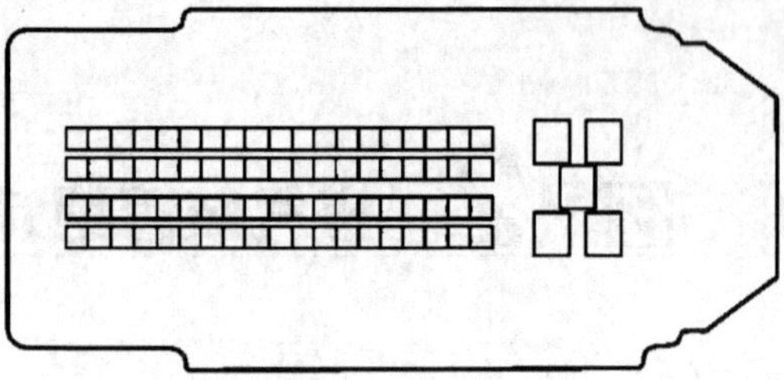

（b）发动机控制模块 ECM 端线束接头

图 2-1　宝骏 B15 发动机进气歧管绝对压力传感器电路相关线束接头位置示意图

3．在宝骏 B15 发动机进气歧管绝对压力传感器电路分解中，为什么发动机控制模块 ECM 会分别出现在低电平参考电压部分、5V 参考电压部分和信号部分？

二、宝骏 B15 发动机进气歧管绝对压力传感器电路故障点分析

仔细分析宝骏 B15 发动机进气歧管绝对压力传感器电路各故障点，并回答以下问题。

1．画出线路 432 对电压短路的等效电路图，写出线路 432 对电压短路的检测步骤。

2．画出线路 432 对搭铁短路的等效电路图，写出线路 432 对搭铁短路的检测步骤。

3．画出线路 432 开路的等效电路图，写出线路 432 开路的检测步骤。

4．画出线路 432 电阻过大的等效电路图，写出线路 432 电阻过大的检测步骤。

任务准备

1．请列举检修宝骏 B15 发动机进气歧管绝对压力传感器电路需使用的工具和设备。

2．请在表 2-1 中列出宝骏 B15 发动机进气歧管绝对压力传感器电路的检修步骤。

表 2-1　宝骏 B15 发动机进气歧管绝对压力传感器电路的检修步骤

步　骤	操　作	数　值	是	否

任务实施

按步骤检测宝骏 B15 发动机进气歧管绝对压力传感器电路，并将结果填入表 2-2 中。

表 2-2　宝骏 B15 发动机进气歧管绝对压力传感器电路检测与数据分析

序号	检 测 内 容	检测结果	检测结论
1	大气压力		
2	点火开关置于“ON”位置，数据流选项“进气歧管压力传感器”参数		
点火开关置于“OFF”位置，断开进气歧管绝对压力传感器线束接头后，执行第 3～6 项操作			
3	线路 915（进气歧管绝对压力传感器端）对搭铁电阻		
4	点火开关置于“ON”位置，线路 914（进气歧管绝对压力传感器端）对搭铁电压		
5	点火开关置于“ON”位置，数据流选项“进气歧管压力传感器”参数		
6	使用带 3A 熔断器的跨接线跨接线路 432 与搭铁，点火开关置于“ON”位置，数据流选项“进气歧管绝对压力传感器”参数		
点火开关置于“OFF”位置，静置车辆 2min 后，拆下 ECM 线束接头，执行第 7～13 项操作			
7	线路 915 端对端电阻		
8	线路 914 对搭铁电阻		
9	点火开关置于“ON”位置，线路 914 对搭铁电压		
10	线路 914 端对端电阻		
11	线路 432 对搭铁电阻		
12	点火开关置于“ON”位置，线路 432 对搭铁电压		
13	线路 432 端对端电阻		

考核评价

一、考核要求

教师在宝骏 B15 发动机上预先设置进气歧管绝对压力传感器电路相关故障，学生按照本节所学内容在 30min 内独立将故障排除并填写作业表（表 2-3），在排除过程中达到以下要求：

（1）劳动用品穿戴标准，操作符合 6S 规范。

（2）正确填写故障现象/故障代码/异常数据流。

（3）检测流程科学合理。

（4）故障原因分析准确。

（5）维修措施得当。

（6）验证故障排除效果。

二、考核作业表

宝骏 B15 发动机进气歧管绝对压力传感器电路检修考核作业表如表 2-3 所示。

表 2-3　宝骏 B15 发动机进气歧管压力传感器电路检修考核作业表

故障现象/故障代码/异常数据流：
检测流程：
故障原因：
维修措施：

三、考核标准

配分与评分标准如表 2-4 所示。

表 2-4　配分与评分标准表

序号	作业项目	考核要求	配分（分）	评分标准	考核记录	扣分	得分
1	劳动用品穿戴	劳保用品穿戴齐全	5	穿戴不全不得分			
2	读取故障代码/记录数据流/记录故障现象	按正确流程读取故障代码/正确记录数据流/正确记录故障现象	10	错一步扣 2～5 分			
3	故障检修	用正确的方法诊断故障	50	检测方法错误扣 5～10 分，检测流程错一处扣 5～10 分			
4	故障维修措施	用正确的方法清除故障	10	错一步扣 2～5 分			
5	验证检修效果	按照要求验证排除效果	10	验证方法不当扣 5～10 分，不进行验证扣 20 分			
6	正确使用工具、用具	工具、用具使用正确	5	一种工具、用具使用不正确扣 1 分，扣完为止			
				损坏丢失一件工具、用具不得分			
7	操作规程	操作规程执行情况	5	违反操作规程不得分			
8	清理现场	清理、擦洗并回收工具、用具	5	少收一件工具、用具扣 1 分，扣完为止			
				未回收不得分			
合计			100				

任务 3　节气门位置传感器电路检修

学习目标

（1）能分析宝骏 B15 发动机节气门位置传感器电路。
（2）能准确识读宝骏 B15 发动机节气门位置传感器电路检修流程。
（3）能根据宝骏 B15 发动机节气门位置传感器电路检修流程独立检修相关电路故障。

信息收集

一、收集节气门位置传感器电路基本信息

1．请描述节气门位置传感器的作用：____。

2．请分别画出宝骏 B15 发动机节气门位置传感器电路低电平参考电压部分、5V 参考电压部分、节气门位置传感器 1 信号部分和节气门位置传感器 2 信号部分。

3．请在宝骏 B15 发动机上找出节气门位置传感器电路的各个部件，并回答以下问题。

（1）线路 923 的颜色为__________；线路 914 的颜色为__________；线路 485 的颜色为__________；线路 486 的颜色为__________。

（2）请在图 3-1 中分别标示出与线路 923、914、485 和 486 连接的线束接头端子位置。

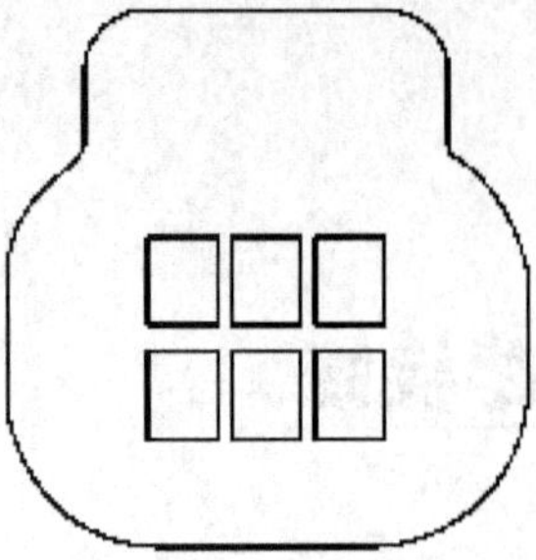

（a）节气门体线束接头

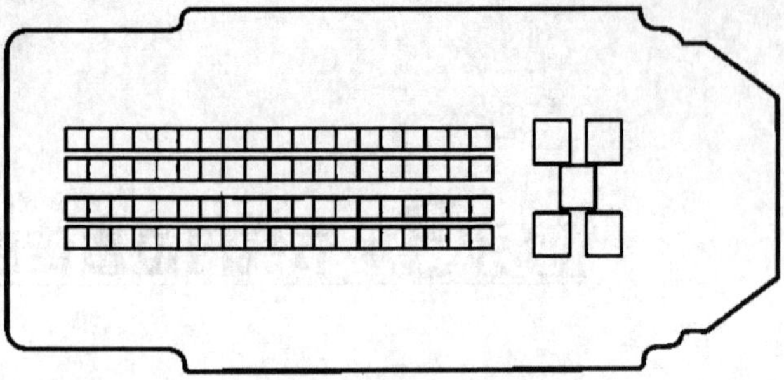

（b）发动机控制模块 ECM 端线束接头

图 3-1　宝骏 B15 发动机节气门位置传感器电路相关线束接头位置示意图

二、宝骏 B15 发动机节气门位置传感器电路故障点分析

仔细分析宝骏 B15 发动机节气门位置传感器电路各故障点，并回答以下问题。

1．画出线路 486 对电压短路的等效电路图，写出线路 486 对电压短路的检测步骤。

2．画出线路 486 对搭铁短路的等效电路图，写出线路 486 对搭铁短路的检测步骤。

3．画出线路 486 开路的等效电路图，写出线路 486 开路的检测步骤。

4．画出线路 486 电阻过大的等效电路图，写出线路 486 电阻过大的检测步骤。

任务准备

1．请列举检修宝骏 B15 发动机节气门位置传感器电路需使用的工具和设备。

2．请在表 3-1 中列出宝骏 B15 发动机节气门位置传感器电路的检修步骤。

表 3-1　宝骏 B15 发动机节气门位置传感器电路检修步骤

步　骤	操　作	数　值	是	否

任务实施

按步骤检测宝骏 B15 发动机节气门位置传感器电路，并将结果填入表 3-2 中。

表 3-2 宝骏 B15 发动机节气门位置传感器电路检测与数据分析

<table>
<tr><th>序号</th><th colspan="2">检测内容</th><th>检测结果</th><th>检测结论</th></tr>
<tr><td colspan="5">点火开关置于“OFF”位置，断开节气门体上线束接头后，执行第 1～5 项操作</td></tr>
<tr><td>1</td><td colspan="2">线路 923（节气门体端）对搭铁电阻值</td><td></td><td></td></tr>
<tr><td>2</td><td colspan="2">线路 914（节气门体端）对搭铁电压值</td><td></td><td></td></tr>
<tr><td rowspan="2">3</td><td rowspan="2">点火开关置于“ON”位置</td><td>数据流选项“节气门位置传感器 1”参数值</td><td></td><td></td></tr>
<tr><td>数据流选项“节气门位置传感器 2”参数值</td><td></td><td></td></tr>
<tr><td>4</td><td colspan="2">使用带 3A 熔断器的跨接线跨接线路 485 与线路 914 后，点火开关置于“ON”位置，数据流选项“节气门位置传感器 1”参数值</td><td></td><td></td></tr>
<tr><td>5</td><td colspan="2">使用带 3A 熔断器的跨接线跨接线路 486 与搭铁后，点火开关置于“ON”位置，数据流选项“节气门位置传感器 2”参数值</td><td></td><td></td></tr>
<tr><td colspan="5">点火开关置于“OFF”位置，静置车辆 2min 后，拆下 ECM 线束接头，执行第 6～15 项操作</td></tr>
<tr><td>6</td><td colspan="2">线路 923 端对端电阻</td><td></td><td></td></tr>
<tr><td>7</td><td colspan="2">线路 914 对搭铁电阻</td><td></td><td></td></tr>
<tr><td>8</td><td colspan="2">点火开关置于“ON”位置，线路 914 对搭铁电压</td><td></td><td></td></tr>
<tr><td>9</td><td colspan="2">线路 914 端对端电阻</td><td></td><td></td></tr>
<tr><td>10</td><td colspan="2">线路 485 对搭铁电阻</td><td></td><td></td></tr>
<tr><td>11</td><td colspan="2">点火开关置于“ON”位置，线路 485 对搭铁电压</td><td></td><td></td></tr>
<tr><td>12</td><td colspan="2">线路 485 端对端电阻</td><td></td><td></td></tr>
<tr><td>13</td><td colspan="2">线路 486 对搭铁电阻</td><td></td><td></td></tr>
<tr><td>14</td><td colspan="2">点火开关置于“ON”位置，线路 486 对搭铁电压</td><td></td><td></td></tr>
<tr><td>15</td><td colspan="2">线路 486 端对端电阻</td><td></td><td></td></tr>
</table>

考核评价

一、考核要求

教师在宝骏 B15 发动机上预先设置节气门位置传感器电路相关故障，学生按照本节所学内容在 30min 内独立将故障排除并填写作业表（表 3-3），在排除过程中达到以下要求：

（1）劳动用品穿戴标准，操作符合 6S 规范。

（2）正确填写故障现象/故障代码/异常数据流。

（3）检测流程科学合理。

（4）故障原因分析准确。

（5）维修措施得当。

（6）验证故障排除效果。

二、考核作业表

宝骏 B15 发动机节气门位置传感器电路检修考核作业表如表 3-3 所示。

表 3-3　宝骏 B15 发动机节气门位置传感器电路检修考核作业表

故障现象/故障代码/异常数据流：
检测流程：
故障原因：
维修措施：

三、考核标准

配分与评分标准如表 3-4 所示。

表 3-4　配分与评分标准表

序号	作业项目	考核要求	配分（分）	评分标准	考核记录	扣分	得分
1	劳动用品穿戴	劳保用品穿戴齐全	5	穿戴不全不得分			
2	读取故障代码/记录数据流/记录故障现象	按正确流程读取故障代码/正确记录数据流/正确记录故障现象	10	错一步扣 2～5 分			
3	故障检修	用正确的方法诊断故障	50	检测方法错误扣 5～10 分，检测流程错一处扣 5～10 分			
4	故障维修措施	用正确的方法清除故障	10	错一步扣 2～5 分			
5	验证检修效果	按照要求验证排除效果	10	验证方法不当扣 5～10 分，不进行验证扣 20 分			
6	正确使用工具、用具	工具、用具使用正确	5	一种工具、用具使用不正确扣 1 分，扣完为止			
				损坏丢失一件工具、用具不得分			
7	操作规程	操作规程执行情况	5	违反操作规程不得分			
8	清理现场	清理、擦洗并回收工具、用具	5	少收一件工具、用具扣 1 分，扣完为止			
				未回收不得分			
合计			100				

任务 4　节气门执行器电路检修

学习目标

（1）能分析宝骏 B15 发动机节气门执行器电路。
（2）能准确识读宝骏 B15 发动机节气门执行器电路检修流程。
（3）能根据宝骏 B15 发动机节气门执行器电路检修流程独立检修相关故障。

信息收集

一、收集节气门执行器电路基本信息

1．请描述节气门执行器的作用：____
____。

2．请分别画出宝骏 B15 发动机节气门执行器电路控制低电平部分和控制高电平部分。

3．请在宝骏 B15 发动机上找出节气门执行器电路的各个部件，并回答以下问题。
（1）线路 581 的颜色为__________；线路 582 的颜色为__________。
（2）请在图 4-1 中分别标示出与线路 581 和 582 连接的线束接头端子位置。

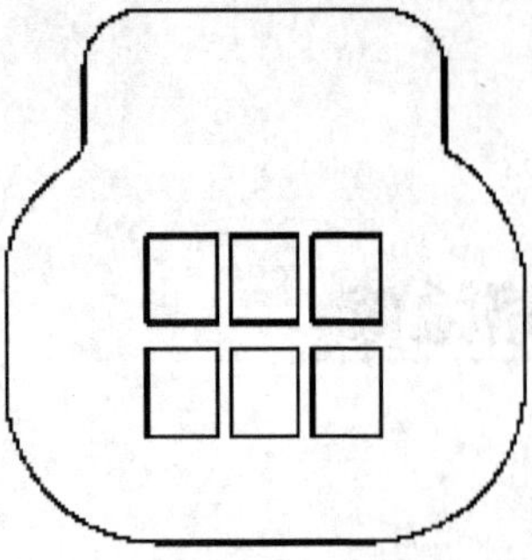

（a）节气门体线束接头

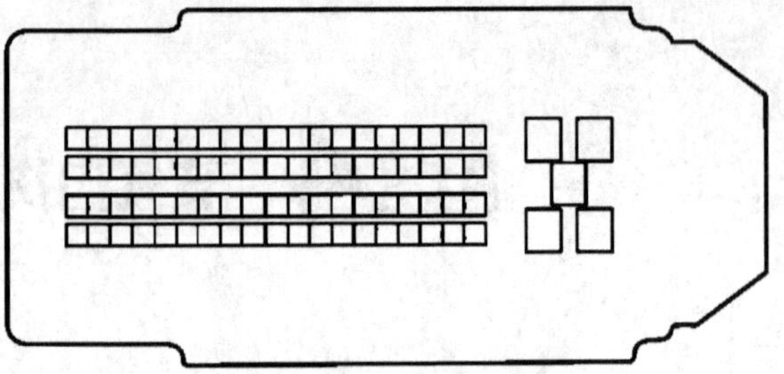

（b）发动机控制模块 ECM 端线束接头

图 4-1　宝骏 B15 发动机节气门执行器电路相关线束接头位置示意图

二、宝骏 B15 发动机节气门执行器电路故障点分析

仔细分析宝骏 B15 发动机节气门执行器电路各故障点，并回答以下问题。

1．画出线路 581 对电压短路的等效电路图，写出线路 581 对电压短路的检测步骤。

2．画出线路 581 对搭铁短路的等效电路图，写出线路 581 对搭铁短路的检测步骤。

3．画出线路 581 开路的等效电路图，写出线路 581 开路的检测步骤。

4．画出线路 581 电阻过大的等效电路图，写出线路 581 电阻过大的检测步骤。

任务准备

1．请列举检修宝骏 B15 发动机节气门执行器电路需使用的工具和设备。

2．请在表 4-1 中列出宝骏 B15 发动机节气门执行器电路的检修步骤。

表 4-1　宝骏 B15 发动机节气门执行器电路检修步骤

步　骤	操　作	数　值	是	否

任务实施

按步骤检测宝骏 B15 发动机节气门执行器电路，并将结果填入表 4-2 中。

表 4-2　宝骏 B15 发动机节气门执行器电路检测与数据分析

序号	检 测 内 容	检测结果	检测结论
1	点火开关置于“OFF”位置，拆下节气门与空气滤清器外壳之间的橡胶管，确认节气门体总成是否存在以下情况： （1）节气门不在静止位置； （2）节气门卡滞在打开或关闭的位置； （3）节气门在没有弹簧压力时，可自由打开或关闭		
点火开关置于“OFF”位置，断开蓄电池负极电缆，断开节气门体上线束接头，静置车辆 2min 并断开 ECM 线束接头后，执行下列操作			
2	使用带 10A 熔断器的跨接线连接节气门体上线路 582 对应的插针与蓄电池正极，使用跨接线一端连接节气门体上线路 581 对应的插针，另一端碰触蓄电池负极 1～3s，观察节气门		
3	点火开关置于“ON”位置，线路 581 对搭铁电压		
4	点火开关置于“ON”位置，线路 582 对搭铁电压		
5	线路 581 对搭铁电阻		
6	线路 582 对搭铁电阻		
7	线路 581 端对端电阻		
8	线路 582 端对端电阻		

考核评价

一、考核要求

教师在宝骏 B15 发动机上预先设置节气门执行器电路相关故障，学生按照本节所学内容在 30min 内独立将故障排除并填写作业表（表 4-3），在排除过程中达到以下要求：

（1）劳动用品穿戴标准，操作符合 6S 规范。

（2）正确填写故障现象/故障代码/异常数据流。

（3）检测流程科学合理。

（4）故障原因分析准确。

（5）维修措施得当。

（6）验证故障排除效果。

二、考核作业表

宝骏 B15 发动机节气门执行器电路检修考核作业表如表 4-3 所示。

表 4-3　宝骏 B15 发动机节气门执行器电路检修考核作业表

故障现象/故障代码/异常数据流：
检测流程：
故障原因：
维修措施：

三、考核标准

配分与评分标准如表 4-4 所示。

表 4-4　配分与评分标准表

序号	作业项目	考核要求	配分（分）	评分标准	考核记录	扣分	得分
1	劳动用品穿戴	劳保用品穿戴齐全	5	穿戴不全不得分			
2	读取故障代码/记录数据流/记录故障现象	按正确流程读取故障代码/正确记录数据流/正确记录故障现象	10	错一步扣 2～5 分			
3	故障检修	用正确的方法诊断故障	50	检测方法错误扣 5～10 分，检测流程错一处扣 5～10 分			
4	故障维修措施	用正确的方法清除故障	10	错一步扣 2～5 分			
5	验证检修效果	按照要求验证排除效果	10	验证方法不当扣 5～10 分，不进行验证扣 20 分			
6	正确使用工具、用具	工具、用具使用正确	5	一种工具、用具使用不正确扣 1 分，扣完为止			
				损坏丢失一件工具、用具不得分			
7	操作规程	操作规程执行情况	5	违反操作规程不得分			
8	清理现场	清理、擦洗并回收工具、用具	5	少收一件工具、用具扣 1 分，扣完为止			
				未回收不得分			
合计			100				

任务5 加速踏板位置传感器电路检修

学习目标

（1）能分析宝骏 B15 发动机加速踏板位置传感器电路。
（2）能准确识读宝骏 B15 发动机加速踏板位置传感器电路检修流程。
（3）能根据宝骏 B15 发动机加速踏板位置传感器电路检修流程独立检修相关故障。

信息收集

一、收集加速踏板位置传感器电路基本信息

1．请描述加速踏板位置传感器的作用：________________________________
____。

2．请分别画出宝骏 B15 发动机加速踏板位置传感器 1 电路中的低电平参考电压部分 1、5V 参考电压部分 1 和信号部分 1。

3．请分别画出宝骏 B15 发动机加速踏板位置传感器 2 电路中的低电平参考电压部分 2、5V 参考电压部分 2 和信号部分 2。

4．请在宝骏 B15 发动机上找出加速踏板位置传感器电路的各个部件，并回答以下问题。

（1）线路 915 的颜色为__________；线路 1164 的颜色为__________；线路 1161 的颜色为__________；线路 907 的颜色为__________；线路 1174 的颜色为__________；线路 1162 的颜色为__________。

（2）请在图 5-1 中分别标示出与线路 581 和 582 连接的线束接头端子位置。

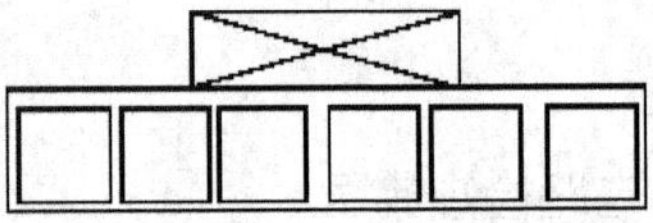
（a）加速踏板位置传感器线束接头

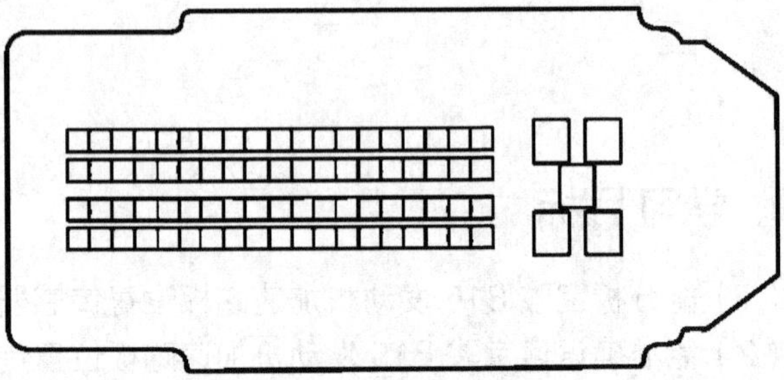
（b）发动机控制模块 ECM 端线束接头

图 5-1 宝骏 B15 发动机加速踏板位置传感器电路相关线束接头位置示意图

二、宝骏 B15 发动机加速踏板位置传感器电路故障点分析

仔细分析宝骏 B15 发动机加速踏板位置传感器电路各故障点，并回答以下问题。

1．画出线路 1162 对电压短路的等效电路图，写出线路 1162 对电压短路的检测步骤。

2．画出线路 1162 对搭铁短路的等效电路图，写出线路 1162 对搭铁短路的检测步骤。

3．画出线路 1162 开路的等效电路图，写出线路 1162 的开路检测步骤。

4．画出线路 1162 电阻过大的等效电路图，写出线路 1162 电阻过大的检测步骤。

任务准备

1. 请列举检修宝骏 B15 发动机加速踏板位置传感器电路需使用的工具和设备。

2. 请在表 5-1 中列出宝骏 B15 发动机加速踏板位置传感器电路的检修步骤。

表 5-1 宝骏 B15 发动机加速踏板位置传感器电路检修步骤

步骤	操作	数值	是	否

任务实施

按步骤检测宝骏 B15 发动机加速踏板位置传感器电路，并将结果填入表 5-2 中。

表 5-2　宝骏 B15 发动机加速踏板位置传感器电路检测与数据分析

<table>
<tr><th>序号</th><th colspan="2">检 测 内 容</th><th>检测结果</th><th>检测结论</th></tr>
<tr><td colspan="5">点火开关置于“OFF”位置，断开加速踏板位置传感器线束接头后，执行第 1～8 项操作</td></tr>
<tr><td>1</td><td colspan="2">线路 915（加速踏板位置传感器端）对搭铁电阻</td><td></td><td></td></tr>
<tr><td>2</td><td colspan="2">线路 907（加速踏板位置传感器端）对搭铁电阻</td><td></td><td></td></tr>
<tr><td>3</td><td rowspan="6">点火开关置于“ON”位置</td><td>线路 914（加速踏板位置传感器端）对搭铁电压</td><td></td><td></td></tr>
<tr><td>4</td><td>线路 922（加速踏板位置传感器端）对搭铁电压</td><td></td><td></td></tr>
<tr><td>5</td><td>数据流选项“加速踏板位置传感器 1”参数值</td><td></td><td></td></tr>
<tr><td>6</td><td>数据流选项“加速踏板位置传感器 2”参数值</td><td></td><td></td></tr>
<tr><td>7</td><td>使用带 3A 熔断器的跨接线分别连接线路 914 和线路 1161，数据流选项“加速踏板位置传感器 1”参数值</td><td></td><td></td></tr>
<tr><td>8</td><td>使用带 3A 熔断器的跨接线分别连接线路 922 和线路 1162，数据流选项“加速踏板位置传感器 2”参数值</td><td></td><td></td></tr>
<tr><td colspan="5">将点火开关置于“OFF”位置，静置车辆 2min 后，拆下 ECM 线束接头，执行第 9～22 项操作</td></tr>
<tr><td>9</td><td colspan="2">线路 915 端对端电阻</td><td></td><td></td></tr>
<tr><td>10</td><td colspan="2">线路 907 端对端电阻</td><td></td><td></td></tr>
<tr><td>11</td><td colspan="2">点火开关置于“ON”位置，线路 914 对搭铁电压</td><td></td><td></td></tr>
<tr><td>12</td><td colspan="2">线路 914 对搭铁电阻</td><td></td><td></td></tr>
<tr><td>13</td><td colspan="2">线路 914 端对端电阻</td><td></td><td></td></tr>
<tr><td>14</td><td colspan="2">点火开关置于“ON”位置，线路 922 对搭铁电压</td><td></td><td></td></tr>
<tr><td>15</td><td colspan="2">线路 922 对搭铁电阻</td><td></td><td></td></tr>
<tr><td>16</td><td colspan="2">线路 922 端对端电阻</td><td></td><td></td></tr>
<tr><td>17</td><td colspan="2">点火开关置于“ON”位置，线路 1161 对搭铁电压</td><td></td><td></td></tr>
<tr><td>18</td><td colspan="2">线路 1161 对搭铁电阻</td><td></td><td></td></tr>
<tr><td>19</td><td colspan="2">线路 1161 端对端电阻</td><td></td><td></td></tr>
<tr><td>20</td><td colspan="2">点火开关置于“ON”位置，线路 1162 对搭铁电压</td><td></td><td></td></tr>
<tr><td>21</td><td colspan="2">线路 1162 对搭铁电阻</td><td></td><td></td></tr>
<tr><td>22</td><td colspan="2">线路 1162 端对端电阻</td><td></td><td></td></tr>
</table>

考核评价

一、考核要求

教师在宝骏 B15 发动机上预先设置加速踏板位置传感器电路相关故障，学生按照本节所学内容在 30min 内独立将故障排除并填写作业表（表 5-3），在排除过程中达到以下要求：

（1）劳动用品穿戴标准，操作符合 6S 规范。

（2）正确填写故障现象/故障代码/异常数据流。

（3）检测流程科学合理。
（4）故障原因分析准确。
（5）维修措施得当。
（6）验证故障排除效果。

二、考核作业表

宝骏 B15 发动机加速踏板位置传感器电路检修考核作业表如表 5-3 所示。

表 5-3　宝骏 B15 发动机加速踏板位置传感器电路检修考核作业表

故障现象/故障代码/异常数据流：
检测流程：
故障原因：
维修措施：

三、考核标准

配分与评分标准如表 5-4 所示。

表 5-4　配分与评分标准表

序号	作业项目	考核要求	配分（分）	评分标准	考核记录	扣分	得分
1	劳动用品穿戴	劳保用品穿戴齐全	5	穿戴不全不得分			
2	读取故障代码/记录数据流/记录故障现象	按正确流程读取故障代码/正确记录数据流/正确记录故障现象	10	错一步扣 2～5 分			
3	故障检修	用正确的方法诊断故障	50	检测方法错误扣 5～10 分，检测流程错一处扣 5～10 分			
4	故障维修措施	用正确的方法清除故障	10	错一步扣 2～5 分			
5	验证检修效果	按照要求验证排除效果	10	验证方法不当扣 5～10 分，不进行验证扣 20 分			
6	正确使用工具、用具	工具、用具使用正确	5	一种工具、用具使用不正确扣 1 分，扣完为止			
				损坏丢失一件工具、用具不得分			
7	操作规程	操作规程执行情况	5	违反操作规程不得分			
8	清理现场	清理、擦洗并回收工具、用具	5	少收一件工具、用具扣 1 分，扣完为止			
				未回收不得分			
合计			100				

任务 6　燃油泵电路检修

学习目标

（1）能分析宝骏 B15 发动机燃油泵电路。
（2）能准确识读宝骏 B15 发动机燃油泵电路检修流程。
（3）能根据宝骏 B15 发动机燃油泵电路检修流程独立检修相关故障。

信息收集

一、收集燃油泵电路基本信息

1．请描述燃油泵电路的作用：______________________________。

2．请分别画出宝骏 B15 发动机燃油泵电路中的控制部分、搭铁部分 1、电源部分和负载部分。

3．请在宝骏 B15 发动机上找出燃油泵电路的各个部件，并回答以下问题。

（1）线路 458 的颜色为__________；线路 550 的颜色为__________；线路 120 的颜色为__________；线路 750 的颜色为__________。

（2）请在图 6-1 中分别标示出与线路 458 连接的线束接头端子位置。

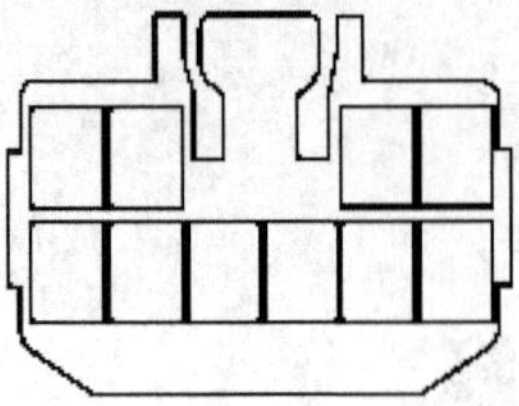

（a）熔断器盒 X50A 线束 X5 接头

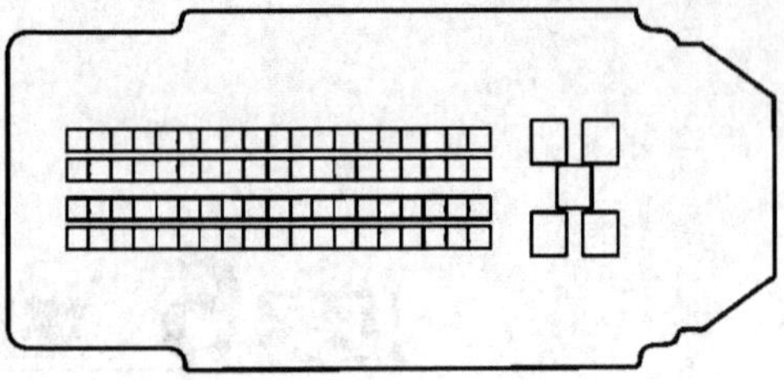

（b）发动机控制模块 ECM 端线束接头

图 6-1　宝骏 B15 发动机线路 458 接头端子位置示意图

（3）请在图 6-2 中分别标示出与线路 120 与线路 750 连接的线束接头端子位置。

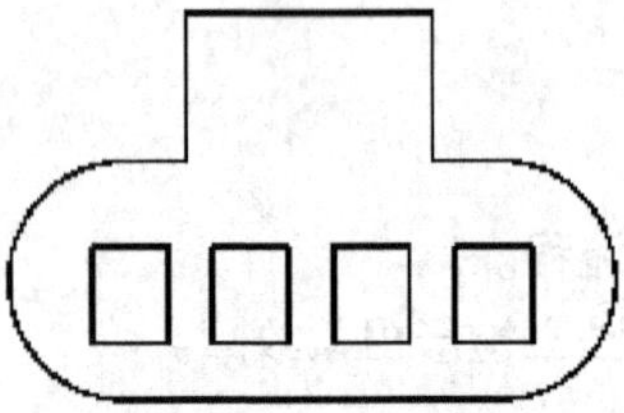

（a）燃油泵总成线束接头

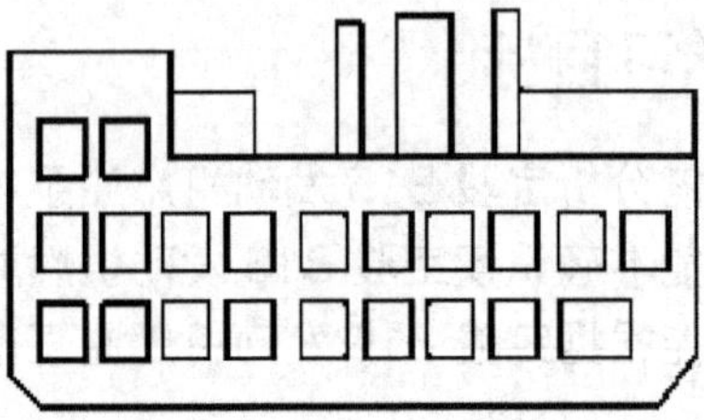

（b）熔断器盒 X50A 线束 X4 接头

图 6-2　宝骏 B15 发动机线路 120 和 750 接头端子位置示意图

二、宝骏 B15 发动机燃油泵电路故障点分析

仔细分析宝骏 B15 发动机燃油泵电路各故障点，并回答以下问题。

1．画出线路 458 对电压短路的等效电路图，写出线路 458 对电压短路的检测步骤。

2．画出线路 458 对搭铁短路的等效电路图，写出线路 458 对搭铁短路的检测步骤。

3．画出线路 458 开路的等效电路图，写出线路 458 开路的检测步骤。

4．画出线路 458 电阻过大的等效电路图，写出线路 458 电阻过大的检测步骤。

任务准备

1．请列举检修宝骏B15发动机燃油泵电路需使用的工具和设备。

2．请在表6-1中列出宝骏B15发动机燃油泵电路的检修步骤。

表6-1　宝骏B15发动机燃油泵电路的检修步骤

步　骤	操　作	数　值	是	否

任务实施

按步骤检测宝骏 B15 发动机燃油泵电路，并将结果填入表 6-2 中。

表 6-2　宝骏 B15 发动机燃油泵电路检测与数据分析

序号	检 测 内 容	检测结果	检测结论
点火开关置于“OFF”位置，取下燃油泵继电器 KR23 后，执行第 1～13 项操作			
1	使用跨接线连接熔断器盒 X50A 内 KR23 端子 87 和端子 30 插口，使用燃油压力表测量燃油压力		
2	使用试灯连接 X50A 内 KR23 端子 87 插口和搭铁，观察试灯		
3	使用试灯跨接熔断器盒 X50A 内 KR23 端子 85 和端子 86 插口，点火开关置于“ON”位置，使用故障诊断仪驱动燃油泵继电器“开启/关闭”，观察试灯		
4	熔断器盒 X50A 内 KR23 端子 86 插口对搭铁电阻		
5	取下并观察熔断器 F20UA		
6	使用试灯连接 X50A 内 F20 电源侧端子插口和搭铁，观察试灯		
7	断开搭铁点 G301 线路，线路 550 端对端电阻		
8	点火开关置于“ON”位置，熔断器盒 X50A 内 KR23 端子 85 插孔对搭铁电压		
9	断开熔断器盒 X50A 线束 X5 接头，点火开关置于“ON”位置，线路 458 对搭铁电压		
10	熔断器盒 X50A 内 KR23 端子 85 插孔对线路 458（K20 端）电阻		
11	断开熔断器盒 X50A 线束 X5 接头，线路 458 端对端电阻		
12	熔断器盒 X50A 内 KR23 端子 85 插孔对搭铁电阻		
13	断开熔断器盒 X50A 线束 X5 接头，线路 458 对搭铁电阻		
点火开关置于“OFF”位置，在取下燃油泵继电器 KR23 的情况下，断开燃油泵线束接头，执行第 14～22 项操作			
14	X50A 内 KR23 端子 30 插孔和搭铁电阻		
15	断开 X50A 线束 X4 接头，线路 120 对搭铁电阻		
16	线路 750（燃油泵端）对搭铁电阻		
17	断开搭铁点 G402 线路，线路 750 端对端电阻		
18	点火开关置于“ON”位置，熔断器盒 X50A 内 KR23 端子 30 插孔和搭铁电压		
19	断开熔断器盒 X50A 线束 X4 接头，点火开关置于“ON”位置，线路 120 对搭铁电压		
20	熔断器盒 X50A 内 KR23 端子 30 插孔和线路 120（燃油泵端）电阻		
21	断开熔断器盒 X50A 线束 X4 接头，线路 120 端对端电阻		
22	断开搭铁点 G301 线路，线路 550（G301 端）对熔断器盒 X50A 内 KR23 端子 86 插孔电阻		

考核评价

一、考核要求

教师在宝骏 B15 发动机上预先设置燃油泵电路相关故障，学生按照本节所学内容在 30min 内独立将故障排除并填写作业表（表 6-3），在排除过程中达到以下要求：

（1）劳动用品穿戴标准，操作符合 6S 规范。

（2）正确填写故障现象/故障代码/异常数据流。

（3）检测流程科学合理。
（4）故障原因分析准确。
（5）维修措施得当。
（6）验证故障排除效果。

二、考核作业表

宝骏 B15 发动机燃油泵电路检修考核作业表如表 6-3 所示。

表 6-3 宝骏 B15 发动机燃油泵电路检修考核作业表

故障现象/故障代码/异常数据流：
检测流程：
故障原因：
维修措施：

三、考核标准

配分与评分标准如表 6-4 所示。

表 6-4　配分与评分标准表

序号	作业项目	考核要求	配分（分）	评分标准	考核记录	扣分	得分
1	劳动用品穿戴	劳保用品穿戴齐全	5	穿戴不全不得分			
2	读取故障代码/记录数据流/记录故障现象	按正确流程读取故障代码/正确记录数据流/正确记录故障现象	10	错一步扣 2～5 分			
3	故障检修	用正确的方法诊断故障	50	检测方法错误扣 5～10 分，检测流程错一处扣 5～10 分			
4	故障维修措施	用正确的方法清除故障	10	错一步扣 2～5 分			
5	验证检修效果	按照要求验证排除效果	10	验证方法不当扣 5～10 分，不进行验证扣 20 分			
6	正确使用工具、用具	工具、用具使用正确	5	一种工具、用具使用不正确扣 1 分，扣完为止			
				损坏丢失一件工具、用具不得分			
7	操作规程	操作规程执行情况	5	违反操作规程不得分			
8	清理现场	清理、擦洗并回收工具、用具	5	少收一件工具、用具扣 1 分，扣完为止			
				未回收不得分			
合计			100				

任务 7　喷油器电路检修

学习目标

（1）能分析宝骏 B15 发动机喷油器电路。
（2）能准确识读宝骏 B15 发动机喷油器电路检修流程。
（3）能根据宝骏 B15 发动机喷油器电路检修流程独立检修相关故障。

信息收集

一、收集喷油器电路基本信息

1．请描述喷油器电路的作用：________________________。
2．请分别画出宝骏 B15 发动机喷油器电路中的点火电压部分和控制部分。

3．请在宝骏 B15 发动机上找出喷油器电路的各个部件，并回答以下问题。
（1）线路 5294 的颜色为__________；线路 1744 的颜色为__________；线路 1745 的颜色为__________；线路 1746 的颜色为__________；线路 1747 的颜色为__________。
（2）请在图 7-1 中标示出与线路 5294 连接的线束接头端子位置。

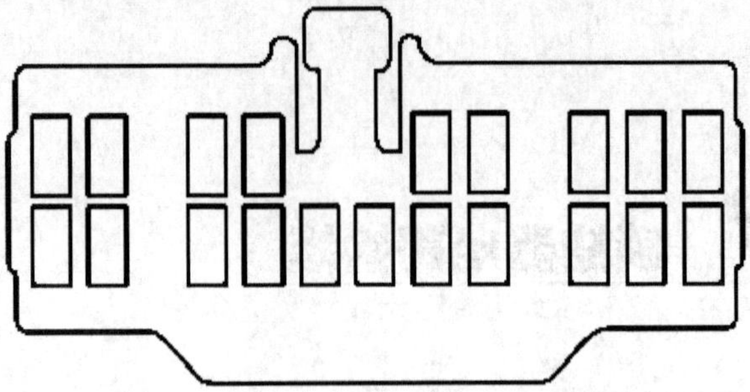

（a）熔断器盒 X50A 线束 X6 接头

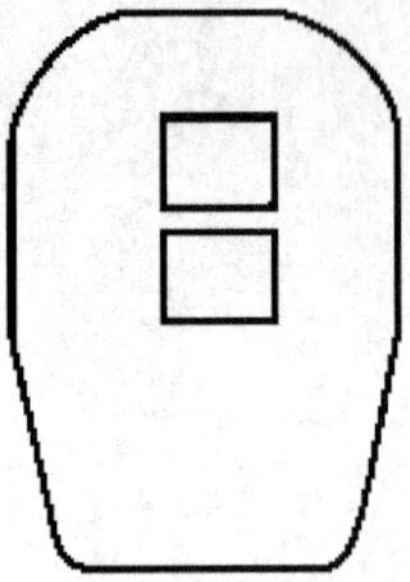

（b）喷油器线束接头

图 7-1　宝骏 B15 发动机线路 5294 接头端子位置示意图

（3）请在图 7-2 中分别标示出与线路 1744、1745、1746 和 1747 连接的线束接头端子位置。

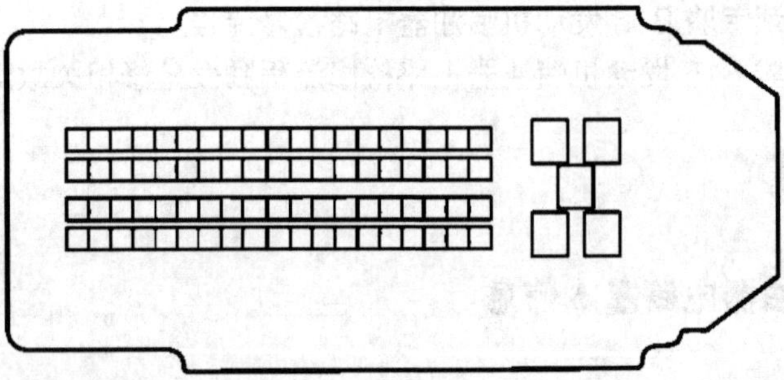

图 7-2　宝骏 B15 发动机控制单元 ECM 端子示意图

二、宝骏 B15 发动机喷油器电路故障点分析

仔细分析宝骏 B15 发动机喷油器电路各故障点，并回答以下问题。

1．画出线路 1744 对电压短路的等效电路图，写出线路 1744 对电压短路的检测步骤。

2．画出线路 1744 对搭铁短路的等效电路图，写出线路 1744 对搭铁短路的检测步骤。

3．画出线路 1744 开路的等效电路图，写出线路 1744 开路的检测步骤。

4．画出线路 1744 电阻过大的等效电路图，写出线路 1744 电阻过大的检测步骤。

任务准备

1．请列举检修宝骏 B15 发动机喷油器电路需使用的工具和设备。

2．在表 7-1 中列出宝骏 B15 发动机喷油器 2 电路的检修步骤。

表 7-1　宝骏 B15 发动机喷油器 2 电路检修步骤

步　骤	操　作	数　值	是	否

任务实施

按步骤检测宝骏 B15 发动机喷油器电路，并将结果填入表 7-2 中。

表 7-2　宝骏 B15 发动机喷油器电路检测与数据分析

序号	检 测 内 容	检测结果	检测结论
点火开关置于“OFF”位置，分别断开喷油器 1、喷油器 2、喷油器 3 和喷油器 4 线束接头，点火开关置于“ON”位置，执行第 1～10 项操作			
1	使用试灯连接线路 5294（喷油器 1 端）与搭铁，观察试灯		
2	使用试灯连接线路 5294（喷油器 2 端）与搭铁，观察试灯		
3	使用试灯连接线路 5294（喷油器 3 端）与搭铁，观察试灯		
4	使用试灯连接线路 5294（喷油器 4 端）与搭铁，观察试灯		
5	使用试灯连接线路 1744（喷油器 1 端），启动发动机，观察试灯		
6	使用试灯连接线路 1745（喷油器 2 端），启动发动机，观察试灯		
7	使用试灯连接线路 1746（喷油器 3 端），启动发动机，观察试灯		
8	使用试灯连接线路 1747（喷油器 4 端），启动发动机，观察试灯		
9	点火开关置于“OFF”位置，取下并观察熔断器 F24UA		
10	使用试灯连接熔断器盒 X50A 内 F24UA 电源侧端子插口和搭铁，观察试灯		
点火开关置于“OFF”位置，执行第 11～17 项操作			
11	熔断器盒 X50A 内 F24UA 负载端插孔和搭铁电阻		
12	断开熔断器盒 X50A 线束 X6 接头，线路 5294 对搭铁电阻		
13	熔断器盒 X50A 内 F24UA 负载侧端子插口和线路 5294（喷油器 1 端）电阻		
14	熔断器盒 X50A 内 F24UA 负载侧端子插口和线路 5294（喷油器 2 端）电阻		
15	熔断器盒 X50A 内 F24UA 负载侧端子插口和线路 5294（喷油器 3 端）电阻		
16	熔断器盒 X50A 内 F24UA 负载侧端子插口和线路 5294（喷油器 4 端）电阻		
17	线路 5294 端对端电阻		
点火开关置于“OFF”位置，静置车辆 2min 后断开发动机控制模块 ECM 线束接头，执行第 18～25 项操作			
18	线路 1744（喷油器 1 端）对搭铁电阻		
19	线路 1745（喷油器 2 端）对搭铁电阻		
20	线路 1746（喷油器 3 端）对搭铁电阻		
21	线路 1747（喷油器 4 端）对搭铁电阻		
22	线路 1744 端对端电阻		
23	线路 1745 端对端电阻		
24	线路 1746 端对端电阻		
25	线路 1747 端对端电阻		
点火开关置于“ON”位置，执行第 26～29 项操作			
26	线路 1744（喷油器 1 端）对搭铁电压		
27	线路 1745（喷油器 2 端）对搭铁电压		
28	线路 1746（喷油器 3 端）对搭铁电压		
29	线路 1747（喷油器 4 端）对搭铁电压		

考核评价

一、考核要求

教师在宝骏 B15 发动机上预先设置喷油器电路相关故障，学生按照本节所学内容在30min 内独立将故障排除并填写作业表（表 7-3），在排除过程中达到以下要求：

（1）劳动用品穿戴标准，操作符合 6S 规范。

（2）正确填写故障现象/故障代码/异常数据流。

（3）检测流程科学合理。

（4）故障原因分析准确。

（5）维修措施得当。

（6）验证故障排除效果。

二、考核作业表

宝骏 B15 发动机喷油器电路检修考核作业表如表 7-3 所示。

表 7-3 宝骏 B15 发动机喷油器电路检修考核作业表

故障现象/故障代码/异常数据流：
检测流程：
故障原因：
维修措施：

三、考核标准

配分与评分标准如表 7-4 所示。

表 7-4　配分与评分标准表

序号	作业项目	考核要求	配分（分）	评分标准	考核记录	扣分	得分
1	劳动用品穿戴	劳保用品穿戴齐全	5	穿戴不全不得分			
2	读取故障代码/记录数据流/记录故障现象	按正确流程读取故障代码/正确记录数据流/正确记录故障现象	10	错一步扣 2～5 分			
3	故障检修	用正确的方法诊断故障	50	检测方法错误扣 5～10 分，检测流程错一处扣 5～10 分			
4	故障维修措施	用正确的方法清除故障	10	错一步扣 2～5 分			
5	验证检修效果	按照要求验证排除效果	10	验证方法不当扣 5～10 分，不进行验证扣 20 分			
6	正确使用工具、用具	工具、用具使用正确	5	一种工具、用具使用不正确扣 1 分，扣完为止 损坏丢失一件工具、用具不得分			
7	操作规程	操作规程执行情况	5	违反操作规程不得分			
8	清理现场	清理、擦洗并回收工具、用具	5	少收一件工具、用具扣 1 分，扣完为止 未回收不得分			
合计			100				

任务 8　动力系统继电器控制电路检修

学习目标

（1）能分析宝骏 B15 发动机动力系统继电器控制电路。
（2）能准确识读宝骏 B15 发动机动力系统继电器控制电路检修流程。
（3）能根据宝骏 B15 发动机动力系统继电器控制电路检修流程独立检修相关故障。

信息收集

一、收集动力系统继电器电路基本信息

1．请描述动力系统继电器电路的作用：________________________________
____。

2．请分别画出宝骏 B15 发动机动力系统继电器电路中的电源电压部分、控制部分和点火电压部分。

3．请在宝骏 B15 发动机上找出动力系统继电器电路的各个部件，并回答以下问题。
（1）线路 927 的颜色为__________；线路 5991 的颜色为__________。
（2）请在图 8-1 中标示出与线路 5991 连接的线束接头端子位置。
（3）请在图 8-2 中分别标示出与线路 927 连接的线束接头端子位置。

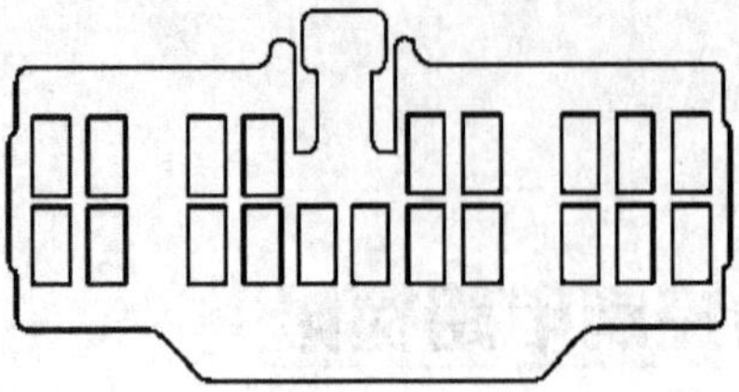

（a）熔断器盒 X50A 线束 X6 接头

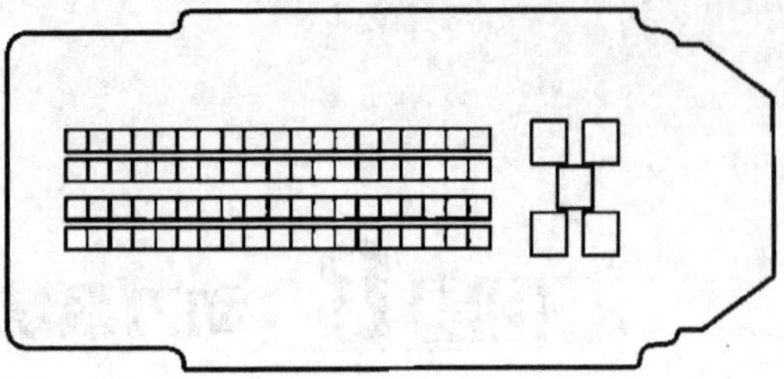

（b）ECM 线束接头

图 8-1　宝骏 B15 发动机线路 5991 接头端子位置示意图

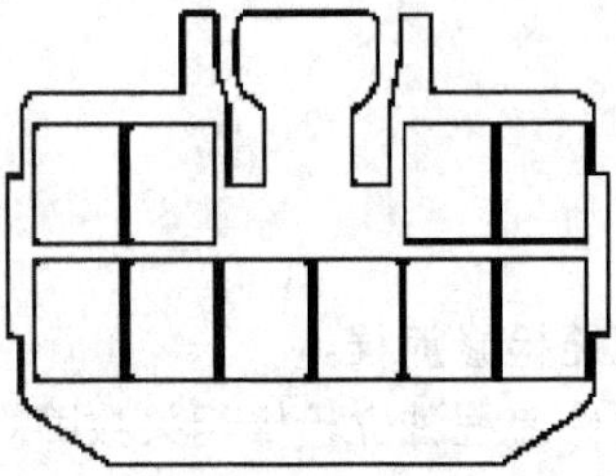

（a）熔断器盒 X50A 线束 X5 接头

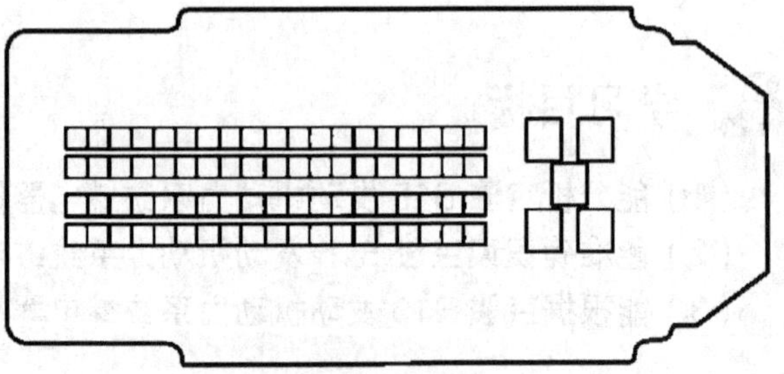

（b）ECM 线束接头

图 8-2　宝骏 B15 发动机线路 927 接头端子位置示意图

二、宝骏 B15 发动机动力系统继电器电路故障点分析

仔细分析宝骏 B15 发动机动力系统继电器电路各故障点，并回答以下问题。

1．画出线路 5991 对电压短路的等效电路图，写出线路 5991 对电压短路的检测步骤。

2．画出线路 5991 对搭铁短路的等效电路图，写出线路 5991 对搭铁短路的检测步骤。

3．画出线路 5991 开路的等效电路图，写出线路 5991 开路的检测步骤。

4．画出线路 5991 电阻过大的等效电路图，写出线路 5991 电阻过大的检测步骤。

任务准备

1．请列举检修宝骏 B15 发动机动力系统继电器电路需使用的工具和设备。

2．在表 8-1 中列出宝骏 B15 发动机动力系统继电器电路的检修步骤。

表 8-1　宝骏 B15 发动机动力系统继电器电路检修步骤

步　骤	操　作	数　值	是	否

任务实施

按步骤检测宝骏 B15 发动机动力系统继电器电路，并将结果填入表 8-2 中。

表 8-2　宝骏 B15 动力系统继电器电路检测与数据分析

序号	检 测 内 容	检测结果	检测结论
点火开关置于“OFF”位置，拔出动力系统继电器 KR75，执行第 1～11 项操作			
1	使用试灯连接熔断器盒 X50A 内动力系统继电器 KR75 端子 87 插口和搭铁，观察试灯		
2	使用带 15A 的熔断器跨接线连接熔断器盒 X50A 内动力系统继电器 KR75 端子 30 插口和端子 87 插口，点火开关置于“ON”位置，观察数据流选项“发动机点火继电器反馈信号”参数与“蓄电池电压”参数		
3	使用万用表测量熔断器盒 X50A 内动力系统继电器 KR75 端子 85 插口和搭铁电阻		
4	取下熔断器 F24U 并检查		
5	线路 927 对搭铁电阻		
6	动力系统继电器端子 86 和端子 85 电阻		
7	动力系统继电器端子 86 和端子 30 电阻		
8	动力系统继电器端子 85 和端子 30 电阻		
9	动力系统继电器端子 30 和端子 87 电阻		
10	动力系统继电器端子 86 和端子 87 电阻		
11	使用辅助测量线将继电器端子 86 连接至蓄电池正极，将端子 85 连接至蓄电池负极，听到继电器吸合的“咔嗒”声后，端子 30 和端子 87 之间的电阻		
点火开关置于“ON”位置，执行第 12～14 项操作			
12	使用试灯连接熔断器盒 X50A 内动力系统继电器 KR75 端子 30 和端子 86 插口，观察试灯		
13	线路 5991 对搭铁电压		
14	使用万用表测量熔断器盒 X50A 内动力系统继电器 KR75 端子 85 插口和搭铁电压		
点火开关置于“OFF”位置，静置车辆 2min 后断开发动机控制模块 ECM 线束接头，执行第 15～19 项操作			
15	线路 927 端对端电阻		
16	线路 5991 对搭铁电阻		
17	线路 5991 端对端电阻		
点火开关置于“ON”位置，执行第 18～19 项操作			
18	线路 927 对搭铁电压		
19	线路 5991 对搭铁电压		

考核评价

一、考核要求

教师在宝骏 B15 发动机上预先设置动力系统继电器电路相关故障，学生按照本节所学内容在 30min 内独立将故障排除并填写作业表（表 8-3），在排除过程中达到以下要求：

（1）劳动用品穿戴标准，操作符合 6S 规范。

（2）正确填写故障现象/故障代码/异常数据流。
（3）检测流程科学合理。
（4）故障原因分析准确。
（5）维修措施得当。
（6）验证故障排除效果。

二、考核作业表

宝骏 B15 发动机动力系统继电器电路检修考核作业表如表 8-3 所示。

表 8-3　宝骏 B15 发动机动力系统继电器电路检修考核作业表

故障现象/故障代码/异常数据流：
检测流程：
故障原因：
维修措施：

三、考核标准

配分与评分标准如表 8-4 所示。

表 8-4　配分与评分标准

序号	作业项目	考核要求	配分（分）	评分标准	考核记录	扣分	得分
1	劳动用品穿戴	劳保用品穿戴齐全	5	穿戴不全不得分			
2	读取故障代码/记录数据流/记录故障现象	按正确流程读取故障代码/正确记录数据流/正确记录故障现象	10	错一步扣 2～5 分			
3	故障检修	用正确的方法诊断故障	50	检测方法错误扣 5～10 分，检测流程错一处扣 5～10 分			
4	故障维修措施	用正确的方法清除故障	10	错一步扣 2～5 分			
5	验证检修效果	按照要求验证排除效果	10	验证方法不当扣 5～10 分，不进行验证扣 20 分			
6	正确使用工具、用具	工具、用具使用正确	5	一种工具、用具使用不正确扣 1 分，扣完为止 损坏丢失一件工具、用具不得分			
7	操作规程	操作规程执行情况	5	违反操作规程不得分			
8	清理现场	清理、擦洗并回收工具、用具	5	少收一件工具、用具扣 1 分，扣完为止 未回收不得分			
合计			100				

任务 9　曲轴位置传感器电路检修

学习目标

（1）能分析宝骏 B15 发动机曲轴位置传感器电路。
（2）能准确识读宝骏 B15 发动机曲轴位置传感器电路检修流程。
（3）能根据宝骏 B15 发动机曲轴位置传感器电路检修流程独立检修相关故障。

信息收集

一、收集曲轴位置传感器电路基本信息

1．请描述曲轴位置传感器的作用：____。

2．请分别画出宝骏 B15 发动机曲轴位置传感器电路低电平参考电压部分、5V 参考电压部分和信号部分。

3．请在宝骏 B15 发动机上找出曲轴位置传感器电路的各个部件，并回答以下问题。

（1）线路 915 的颜色为__________；线路 914 的颜色为__________；线路 2832 的颜色为__________。

（2）请在图 9-1 中分别标示出与线路 915、914 和 2832 连接的线束接头端子位置。

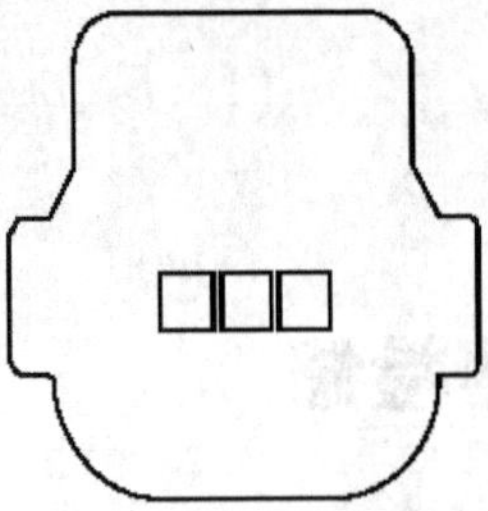

（a）曲轴位置传感器端线束接头

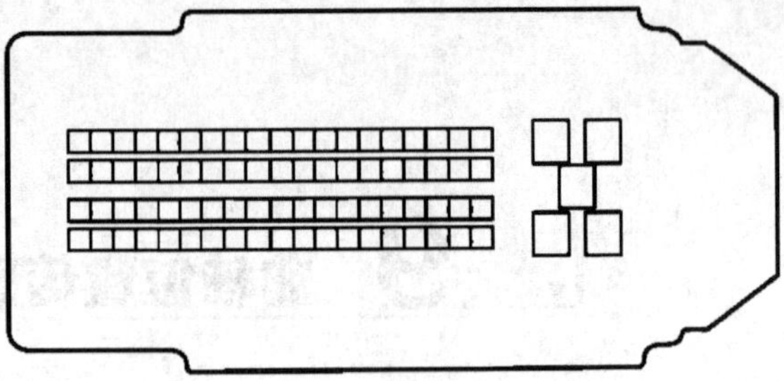

（b）发动机控制模块 ECM 端线束接头

图 9-1　宝骏 B15 发动机曲轴位置传感器电路相关线束接头位置示意图

4．在宝骏 B15 发动机曲轴位置传感器电路分解中，为什么发动机控制模块 ECM 会分别出现在低电平参考电压部分、5V 参考电压部分和信号部分？

二、宝骏 B15 发动机曲轴位置传感器电路故障点分析

仔细分析宝骏 B15 发动机曲轴位置传感器电路各故障点，并回答以下问题。

1．画出线路 2832 对电压短路的等效电路图，并说明线路 2832 对电压短路后造成宝骏 B15 发动机曲轴位置传感器电路故障的过程。

2．画出线路 2832 对搭铁短路的等效电路图，并说明线路 2832 对搭铁短路造成宝骏 B15 发动机曲轴位置传感器电路故障的过程。

3．画出线路 2832 开路的等效电路图，并说明线路 2832 开路造成宝骏 B15 发动机曲轴位置传感器电路故障的过程。

4．画出线路 2832 电阻过大的等效电路图，并说明线路 2832 电阻过大造成宝骏 B15 发动机曲轴位置传感器电路故障的过程。

任务准备

1．请列举检修宝骏 B15 发动机曲轴位置传感器电路需使用的工具和设备。

2．请在表 9-1 中列出宝骏 B15 发动机曲轴位置传感器电路的检修步骤。

表 9-1　宝骏 B15 发动机曲轴位置传感器电路检修步骤

步　骤	操　作	数　值	是	否

任务实施

按步骤检测宝骏 B15 发动机曲轴位置传感器电路，并将结果填入表 9-2 中。

表 9-2 宝骏 B15 发动机曲轴位置传感器电路检测与数据分析

序号	检 测 内 容	检测结果	检测结论
点火开关置于“OFF”位置，断开曲轴位置传感器线束接头后，执行第 1～4 项操作			
1	线路 915（曲轴位置传感器端）对搭铁电阻		
2	点火开关置于“ON”位置，线路 914（曲轴位置传感器端）对搭铁电压		
3	点火开关置于“ON”位置，线路 2832（曲轴位置传感器端）对搭铁电压		
4	使用带 3A 熔断器的跨接线一端连接线路 2832，点火开关置于“ON”位置，用跨接线的另外一端快速重复触碰蓄电池负极接线柱，观察“曲轴计数器”参数选项		
将点火开关置于“OFF”位置，静置车辆 2min 后，拆下 ECM 线束接头，执行第 5～11 项操作			
5	线路 915 端对端电阻		
6	线路 914 对搭铁电阻		
7	点火开关置于“ON”位置，线路 914 对搭铁电压		
8	线路 914 端对端电阻		
9	线路 2832 对搭铁电阻		
10	点火开关置于“ON”位置，线路 2832 对搭铁电压		
11	线路 2832 端对端电阻		

考核评价

一、考核要求

教师在宝骏 B15 发动机上预先设置曲轴位置传感器电路相关故障，学生按照本节所学内容在 30min 内独立将故障排除并填写作业表（表 9-3），在排除过程中达到以下要求：

（1）劳动用品穿戴标准，操作符合 6S 规范。

（2）正确填写故障现象/故障代码/异常数据流。

（3）检测流程科学合理。

（4）故障原因分析准确。

（5）维修措施得当。

（6）验证故障排除效果。

二、考核作业表

宝骏 B15 发动机曲轴位置传感器电路检修考核作业表如表 9-3 所示。

表 9-3　宝骏 B15 发动机曲轴位置传感器电路检修考核作业表

故障现象/故障代码/异常数据流：
检测流程：
故障原因：
维修措施：

三、考核标准

配分与评分标准如表 9-4 所示。

表 9-4　配分与评分标准

序号	作业项目	考核要求	配分（分）	评分标准	考核记录	扣分	得分
1	劳动用品穿戴	劳保用品穿戴齐全	5	穿戴不全不得分			
2	读取故障代码/记录数据流/记录故障现象	按正确流程读取故障代码/正确记录数据流/正确记录故障现象	10	错一步扣 2～5 分			
3	故障检修	用正确的方法诊断故障	50	检测方法错误扣 5～10 分，检测流程错一处扣 5～10 分			
4	故障维修措施	用正确的方法清除故障	10	错一步扣 2～5 分			
5	验证检修效果	按照要求验证排除效果	10	验证方法不当扣 5～10 分，不进行验证扣 20 分			
6	正确使用工具、用具	工具、用具使用正确	5	一种工具、用具使用不正确扣 1 分，扣完为止			
				损坏丢失一件工具、用具不得分			
7	操作规程	操作规程执行情况	5	违反操作规程不得分			
8	清理现场	清理、擦洗并回收工具、用具	5	少收一件工具、用具扣 1 分，扣完为止			
				未回收不得分			
合计			100				

任务 10　凸轮轴位置传感器电路检修

学习目标

（1）能分析宝骏 B15 发动机凸轮轴位置传感器电路。
（2）能准确识读宝骏 B15 发动机凸轮轴位置传感器电路检修流程。
（3）能根据宝骏 B15 发动机凸轮轴位置传感器电路检修流程独立检修相关故障。

信息收集

一、收集凸轮轴位置传感器电路基本信息

1．请描述凸轮轴位置传感器的作用：____。

2．请分别画出宝骏 B15 发动机凸轮轴位置传感器电路低电平参考电压部分、5V 参考电压部分和信号部分。

3．请在宝骏 B15 发动机上找出凸轮轴位置传感器电路的各个部件，并回答以下问题。

（1）线路 922 的颜色为__________；线路 907 的颜色为__________；线路 630 的颜色为__________。

（2）请在图 10-1 中分别标示出与线路 907、922 和 630 连接的线束接头端子位置。

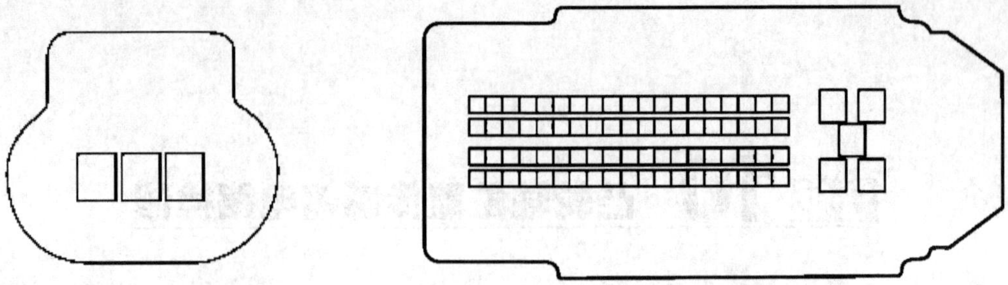

（a）凸轮轴位置传感器端线束接头　　（b）发动机控制模块 ECM 端线束接头

图 10-1　宝骏 B15 发动机凸轮轴位置传感器电路相关线束接头位置示意图

4．在宝骏 B15 发动机凸轮轴位置传感器电路分解中，为什么发动机控制模块 ECM 会分别出现在低电平参考电压部分、5V 参考电压部分和信号部分？

二、宝骏 B15 发动机凸轮轴位置传感器电路故障点分析

仔细分析宝骏 B15 发动机凸轮轴位置传感器电路各故障点，并回答以下问题。

1．画出线路 630 对电压短路的等效电路图，写出线路 630 对电压短路的检测步骤。

2．画出线路 630 对搭铁短路的等效电路图，写出线路 630 对搭铁短路的检测步骤。

3．画出线路 630 开路的等效电路图，写出线路 630 开路的检测步骤。

4．画出线路 630 电阻过大的等效电路图，写出线路 630 电阻过大的检测步骤。

任务准备

1. 请列举检修宝骏 B15 发动机凸轮轴位置传感器电路需使用的工具和设备。

2. 请在表 10-1 中列出宝骏 B15 发动机凸轮轴位置传感器电路的检修步骤。

表 10-1　宝骏 B15 发动机凸轮轴位置传感器电路的检修步骤

步　骤	操　作	数　值	是	否

任务实施

按步骤检测宝骏 B15 发动机凸轮轴位置传感器电路，并将结果填入表 10-2 中。

表 10-2　宝骏 B15 发动机凸轮轴位置传感器电路检测与数据分析

序号	检测内容	检测结果	检测结论
点火开关置于“OFF”位置，断开凸轮轴位置传感器线束接头后，执行第 1～3 项操作			
1	线路 907（凸轮轴位置传感器端）对搭铁电阻		
2	点火开关置于“ON”位置，线路 922（曲轴位置传感器端）对搭铁电压		
3	点火开关置于“ON”位置，线路 630（曲轴位置传感器端）对搭铁电压		
将点火开关置于“OFF”位置，静置车辆 2min 后，拆下 ECM 线束接头，执行第 4～10 项操作			
4	断开插接器 SP907，线路 907 端对端电阻		
5	线路 922 对搭铁电阻		
6	点火开关置于“ON”位置，线路 922 对搭铁电压		
7	线路 922 端对端电阻		
8	线路 630 对搭铁电阻		
9	点火开关置于“ON”位置，线路 630 对搭铁电压		
10	线路 630 端对端电阻		

考核评价

一、考核要求

教师在宝骏 B15 发动机上预先设置凸轮轴位置传感器电路相关故障，学生按照本节所学内容在 30min 内独立将故障排除并填写作业表（表 10-3），在排除过程中达到以下要求：

（1）劳动用品穿戴标准，操作符合 6S 规范。

（2）正确填写故障现象/故障代码/异常数据流。

（3）检测流程科学合理。

（4）故障原因分析准确。

（5）维修措施得当。

（6）验证故障排除效果。

二、考核作业表

宝骏 B15 发动机凸轮轴位置传感器电路检修考核作业表如表 10-3 所示。

表 10-3 宝骏 B15 发动机凸轮轴位置传感器电路检修考核作业表

故障现象/故障代码/异常数据流：
检测流程：
故障原因：
维修措施：

三、考核标准

配分与评分标准如表 10-4 所示。

表 10-4　配分与评分标准表

序号	作业项目	考核要求	配分（分）	评分标准	考核记录	扣分	得分
1	劳动用品穿戴	劳保用品穿戴齐全	5	穿戴不全不得分			
2	读取故障代码/记录数据流/记录故障现象	按正确流程读取故障代码/正确记录数据流/正确记录故障现象	10	错一步扣 2～5 分			
3	故障检修	用正确的方法诊断故障	50	检测方法错误扣 5～10 分，检测流程错一处扣 5～10 分			
4	故障维修措施	用正确的方法清除故障	10	错一步扣 2～5 分			
5	验证检修效果	按照要求验证排除效果	10	验证方法不当扣 5～10 分，不进行验证扣 20 分			
6	正确使用工具、用具	工具、用具使用正确	5	一种工具、用具使用不正确扣 1 分，扣完为止			
				损坏丢失一件工具、用具不得分			
7	操作规程	操作规程执行情况	5	违反操作规程不得分			
8	清理现场	清理、擦洗并回收工具、用具	5	少收一件工具、用具扣 1 分，扣完为止			
				未回收不得分			
合计			100				

任务 11 爆震传感器电路检修

学习目标

（1）能分析宝骏 B15 发动机爆震传感器电路。

（2）能准确识读宝骏 B15 发动机爆震传感器电路检修流程。

（3）能根据宝骏 B15 发动机爆震传感器电路检修流程独立检修相关故障。

信息收集

一、收集爆震传感器电路基本信息

1．请描述爆震传感器的作用：____

____。

2．请分别画出宝骏 B15 发动机爆震传感器电路搭铁部分、信号部分 1 和信号部分 2。

3．请在宝骏 B15 发动机上找出爆震传感器电路的各个部件，并回答以下问题。

（1）线路 496 的颜色为__________；线路 1716 的颜色为__________；线路 6363 的颜色为__________。

（2）请在图 11-1 中分别标示出与线路 496、1716 和 6363 连接的线束接头端子位置。

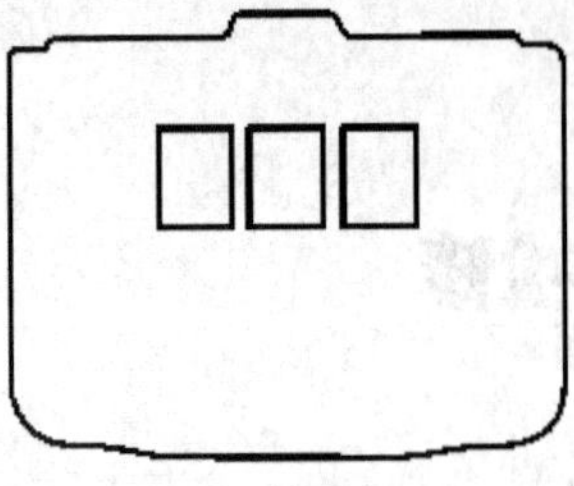

（a）爆震传感器端线束接头

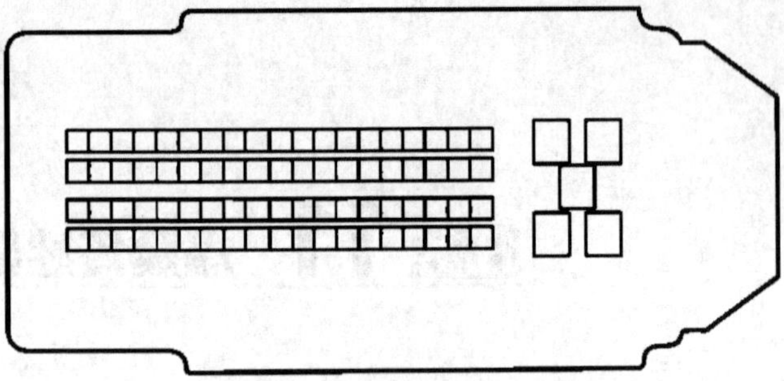

（b）发动机控制模块 ECM 端线束接头

图 11-1　宝骏 B15 发动机爆震传感器电路相关线束接头位置示意图

4．在宝骏 B15 发动机爆震传感器电路分解中，为什么发动机控制模块 ECM 会分别出现在搭铁部分、信号部分 1 和信号部分 2？

二、宝骏 B15 发动机爆震传感器电路故障点分析

仔细分析宝骏 B15 发动机爆震传感器电路各故障点，并回答以下问题。

1．画出线路 496 对电压短路的等效电路图，写出线路 496 对电压短路的检测步骤。

2．画出线路 496 对搭铁短路的等效电路图，写出线路 496 对搭铁短路的检测步骤。

3．画出线路 496 开路的等效电路图，写出线路 496 开路的检测步骤。

4．画出线路 496 电阻过大的等效电路图，写出线路 496 电阻过大的检测步骤。

任务准备

1. 请列举检修宝骏 B15 发动机爆震传感器电路需使用的工具和设备。

2. 请在表 11-1 中列出宝骏 B15 发动机爆震传感器电路的检修步骤。

表 11-1　宝骏 B15 发动机爆震传感器电路的检修步骤

步　骤	操　作	数　值	是	否

任务实施

按步骤检测宝骏 B15 发动机爆震传感器电路，并将结果填入表 11-2 中。

表 11-2 宝骏 B15 发动机爆震传感器电路检测与数据分析

序号	检测内容	检测结果	检测结论
点火开关置于“OFF”位置，断开爆震传感器线束接头后，执行第 1～3 项操作			
1	线路 6363（爆震传感器端）对搭铁电阻		
2	点火开关置于“ON”位置，线路 496（爆震传感器端）对搭铁电压		
3	点火开关置于“ON”位置，线路 1716（爆震传感器端）对搭铁电压		
将点火开关置于“OFF”位置，静置车辆 2min 后，拆下 ECM 线束接头，执行第 4～10 项操作			
4	断开插接器 SP6363，线路 6363 端对端电阻		
5	线路 496 对搭铁电阻		
6	点火开关置于“ON”位置，线路 496 对搭铁电压		
7	线路 496 端对端电阻		
8	线路 1716 对搭铁电阻		
9	点火开关置于“ON”位置，线路 1716 对搭铁电压		
10	线路 1716 端对端电阻		

考核评价

一、考核要求

教师在宝骏 B15 发动机上预先设置爆震传感器电路相关故障，学生按照本节所学内容在 30min 内独立将故障排除并填写作业表（表 11-3），在排除过程中达到以下要求：

（1）劳动用品穿戴标准，操作符合 6S 规范。

（2）正确填写故障现象/故障代码/异常数据流。

（3）检测流程科学合理。

（4）故障原因分析准确。

（5）维修措施得当。

（6）验证故障排除效果。

二、考核作业表

宝骏 B15 发动机爆震传感器电路检修考核作业表如表 11-3 所示。

表 11-3　宝骏 B15 发动机爆震传感器电路检修考核作业表

故障现象/故障代码/异常数据流：
检测流程：
故障原因：
维修措施：

三、考核标准

配分与评分标准如表 11-4 所示。

表 11-4　配分与评分标准表

序号	作业项目	考核要求	配分（分）	评分标准	考核记录	扣分	得分
1	劳动用品穿戴	劳保用品穿戴齐全	5	穿戴不全不得分			
2	读取故障代码/记录数据流/记录故障现象	按正确流程读取故障代码/正确记录数据流/正确记录故障现象	10	错一步扣 2～5 分			
3	故障检修	用正确的方法诊断故障	50	检测方法错误扣 5～10 分，检测流程错一处扣 5～10 分			
4	故障维修措施	用正确的方法清除故障	10	错一步扣 2～5 分			
5	验证检修效果	按照要求验证排除效果	10	验证方法不当扣 5～10 分，不进行验证扣 20 分			
6	正确使用工具、用具	工具、用具使用正确	5	一种工具、用具使用不正确扣 1 分，扣完为止			
				损坏丢失一件工具、用具不得分			
7	操作规程	操作规程执行情况	5	违反操作规程不得分			
8	清理现场	清理、擦洗并回收工具、用具	5	少收一件工具、用具扣 1 分，扣完为止			
				未回收不得分			
合计			100				

任务 12　点火线圈电路检修

学习目标

（1）能分析宝骏 B15 发动机点火线圈电路。
（2）能准确识读宝骏 B15 发动机点火线圈电路检修流程。
（3）能根据宝骏 B15 发动机点火线圈电路检修流程独立检修相关故障。

信息收集

一、收集点火线圈电路基本信息

1．请描述点火线圈电路的作用：______________________________。

2．请分别画出宝骏 B15 发动机点火线圈 1 电路中的点火电压部分、控制部分和搭铁部分。

3．请在宝骏 B15 发动机上找出点火线圈电路的各个部件，并回答以下问题。

（1）线路 5293 的颜色为__________；线路 350 的颜色为__________；线路 2121 的颜色为____________；线路 2122 的颜色为____________；线路 2123 的颜色为____________；线路 2124 的颜色为____________。

（2）请在图 12-1 中标示出与线路 5293 连接的线束接头端子位置。

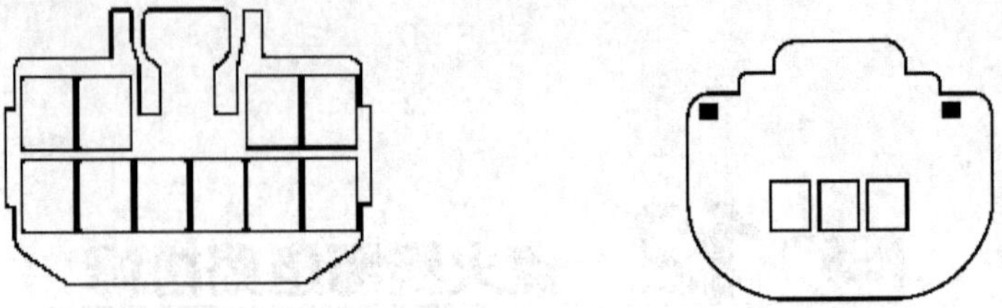

（a）熔断器盒 X50A 线束 X5 接头　　（b）点火线圈线束接头

图 12-1　宝骏 B15 发动机线路 5293 接头端子位置示意图

（3）请在图 12-2 中分别标示出与线路 2121、2122、2123 和 2124 连接的线束接头端子位置。

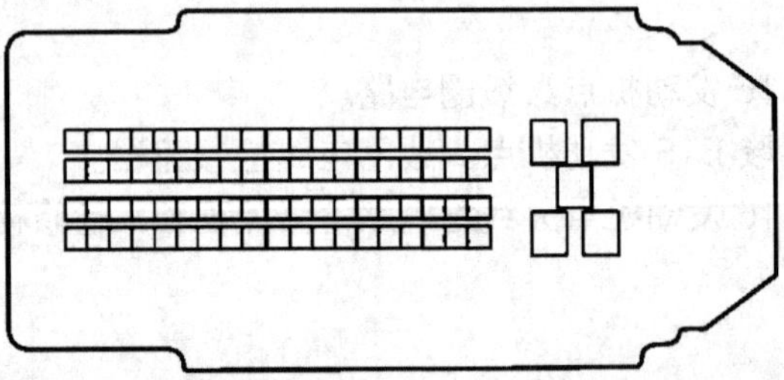

图 12-2　宝骏 B15 发动机控制单元 ECM 端子示意图

二、宝骏 B15 发动机点火线圈电路故障点分析

仔细分析宝骏 B15 发动机点火线圈电路各故障点，并回答以下问题。

1．画出线路 2121 对电压短路的等效电路图，写出线路 2121 对电压短路的检测步骤。

2．画出线路 2121 对搭铁短路的等效电路图，写出线路 2121 对搭铁短路的检测步骤。

3．画出线路 2121 开路的等效电路图，写出线路 2121 开路的检测步骤。

4．画出线路 2121 电阻过大的等效电路图，写出线路 2121 电阻过大的检测步骤。

任务准备

1．请列举检修宝骏 B15 发动机点火线圈电路需使用的工具和设备。

2．在表 12-1 中列出宝骏 B15 发动机点火线圈 3 电路的检修步骤。

表 12-1　宝骏 B15 发动机点火线圈 3 电路的检修步骤

步　骤	操　作	数　值	是	否

任务实施

按步骤检测宝骏 B15 发动机点火线圈电路，并将结果填入表 12-2 中。

表 12-2　宝骏 B15 发动机点火线圈电路检测与数据分析

序号	检测内容	检测结果	检测结论
点火开关置于“OFF”位置，分别断开点火线圈 1、点火线圈 2、点火线圈 3 和点火线圈 4 线束接头，点火开关置于“OFF”位置，执行第 1～10 项操作			
1	点火开关置于“OFF”位置，线路 350（点火线圈 1 端）与搭铁电阻		
2	点火开关置于“OFF”位置，线路 350（点火线圈 2 端）与搭铁电阻		
3	点火开关置于“OFF”位置，线路 350（点火线圈 3 端）与搭铁电阻		
4	点火开关置于“OFF”位置，线路 350（点火线圈 4 端）与搭铁电阻		
5	取下熔断器 F24UA，观察熔断器		
6	测量熔断器盒 X50A 内 F24UA 负载端插孔和搭铁电阻		
7	测量熔断器盒 X50A 内 F24UA 负载侧端子插口和线路 5294（点火线圈 1 端）电阻		
8	测量熔断器盒 X50A 内 F24UA 负载侧端子插口和线路 5294（点火线圈 2 端）电阻		
9	测量熔断器盒 X50A 内 F24UA 负载侧端子插口和线路 5294（点火线圈 3 端）电阻		
10	测量熔断器盒 X50A 内 F24UA 负载侧端子插口和线路 5294（点火线圈 4 端）电阻		
点火开关置于“ON”位置，执行第 11～19 项操作			
11	使用试灯连接熔断器盒 X50A 内 F24UA 电源侧端子插口和搭铁，观察试灯		
12	使用试灯连接线路 5293（点火线圈 1 端）与搭铁，观察试灯		
13	使用试灯连接线路 5293（点火线圈 2 端）与搭铁，观察试灯		
14	使用试灯连接线路 5293（点火线圈 3 端）与搭铁，观察试灯		
15	使用试灯连接线路 5293（点火线圈 4 端）与搭铁，观察试灯		
16	使用试灯连接线路 2121（点火线圈 1 端），启动发动机，观察试灯		
17	使用试灯连接线路 2122（点火线圈 2 端），启动发动机，观察试灯		
18	使用试灯连接线路 2123（点火线圈 3 端），启动发动机，观察试灯		
19	使用试灯连接线路 2124（点火线圈 4 端），启动发动机，观察试灯		
点火开关置于“OFF”位置，断开熔断器盒 X50A 线束 X6 接头，执行第 20～24 项操作			
20	线路 5293 对搭铁电阻		
21	线路 5293 端（熔断器盒端）对端（点火线圈 1 端）电阻		
22	线路 5293 端（熔断器盒端）对端（点火线圈 2 端）电阻		
23	线路 5293 端（熔断器盒端）对端（点火线圈 3 端）电阻		
24	线路 5293 端（熔断器盒端）对端（点火线圈 4 端）电阻		
断开搭铁点 G105 线束，执行第 25～28 项操作			
25	线路 350 端（搭铁点 G105 端）对端（点火线圈 1 端）电阻		
26	线路 350 端（搭铁点 G105 端）对端（点火线圈 2 端）电阻		
27	线路 350 端（搭铁点 G105 端）对端（点火线圈 3 端）电阻		

续表

序号	检 测 内 容	检测结果	检测结论
28	线路 350 端（搭铁点 G105 端）对端（点火线圈 4 端）电阻		
点火开关置于“OFF”位置，静默车辆 2min 后断开发动机控制模块 ECM 线束接头，执行第 29～36 项操作			
29	线路 2121（点火线圈 1 端）对搭铁电阻		
30	线路 2122（点火线圈 2 端）对搭铁电阻		
31	线路 2123（点火线圈 3 端）对搭铁电阻		
32	线路 2124（点火线圈 4 端）对搭铁电阻		
33	线路 2121 端对端电阻		
34	线路 2122 端对端电阻		
35	线路 2123 端对端电阻		
36	线路 2124 端对端电阻		
点火开关置于“ON”位置，执行第 37～40 项操作			
37	线路 2121（点火线圈 1 端）对搭铁电压		
38	线路 2122（点火线圈 2 端）对搭铁电压		
39	线路 2123（点火线圈 3 端）对搭铁电压		
40	线路 2124（点火线圈 4 端）对搭铁电压		

考核评价

一、考核要求

教师在宝骏 B15 发动机上预先设置点火线圈电路相关故障，学生按照本节所学内容在 30min 内独立将故障排除并填写作业表（表 12-3），在排除过程中达到以下要求：

（1）劳动用品穿戴标准，操作符合 6S 规范。

（2）正确填写故障现象/故障代码/异常数据流。

（3）检测流程科学合理。

（4）故障原因分析准确。

（5）维修措施得当。

（6）验证故障排除效果。

二、考核作业表

宝骏 B15 发动机点火线圈电路检修考核作业表如表 12-3 所示。

表 12-3　宝骏 B15 发动机点火线圈电路检修考核作业表

故障现象/故障代码/异常数据流：
检测流程：
故障原因：
维修措施：

三、考核标准

配分与评分标准如表 12-4 所示。

表 12-4 配分与评分标准表

序号	作业项目	考核要求	配分（分）	评分标准	考核记录	扣分	得分
1	劳动用品穿戴	劳保用品穿戴齐全	5	穿戴不全不得分			
2	读取故障代码/记录数据流/记录故障现象	按正确流程读取故障代码/正确记录数据流/正确记录故障现象	10	错一步扣 2～5 分			
3	故障检修	用正确的方法诊断故障	50	检测方法错误扣 5～10 分，检测流程错一处扣 5～10 分			
4	故障维修措施	用正确的方法清除故障	10	错一步扣 2～5 分			
5	验证检修效果	按照要求验证排除效果	10	验证方法不当扣 5～10 分，不进行验证扣 20 分			
6	正确使用工具、用具	工具、用具使用正确	5	一种工具、用具使用不正确扣 1 分，扣完为止			
				损坏丢失一件工具、用具不得分			
7	操作规程	操作规程执行情况	5	违反操作规程不得分			
8	清理现场	清理、擦洗并回收工具、用具	5	少收一件工具、用具扣 1 分，扣完为止			
				未回收不得分			
合计			100				

任务13 发动机冷却液温度传感器电路检修

学习目标

（1）能独立分析宝骏 B15 发动机冷却液温度传感器电路。
（2）能准确识读宝骏 B15 发动机冷却液温度传感器电路检修流程。
（3）能根据宝骏 B15 发动机冷却液温度传感器电路检修流程独立检修相关故障。

信息收集

一、收集进气冷却液温度传感器电路基本信息

1．请描述冷却液温度传感器的作用：____。

2．请在下面空白处分别画出宝骏 B15 发动机冷却液温度传感器电路低电平参考电压部分和信号部分。

3．请在宝骏 B15 发动机上找出冷却液温度传感器电路的各个部件，并回答以下问题。

（1）线路 2761 的颜色为__________；线路 410 的颜色为__________。

（2）请在下图中分别标示出与线路 915 和 410 连接的线束接头端子。

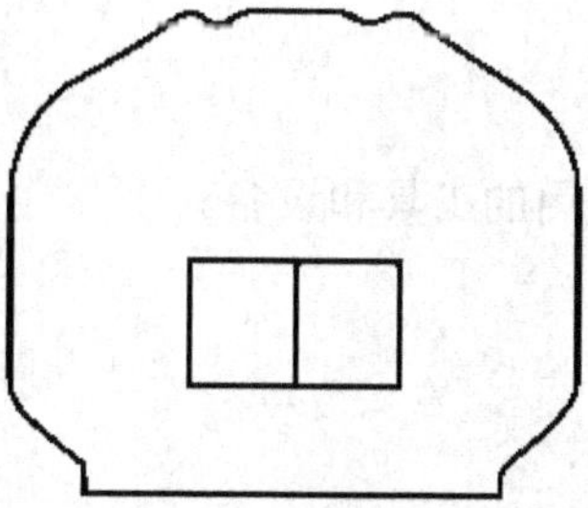

（a）冷却液温度传感器端线束接头

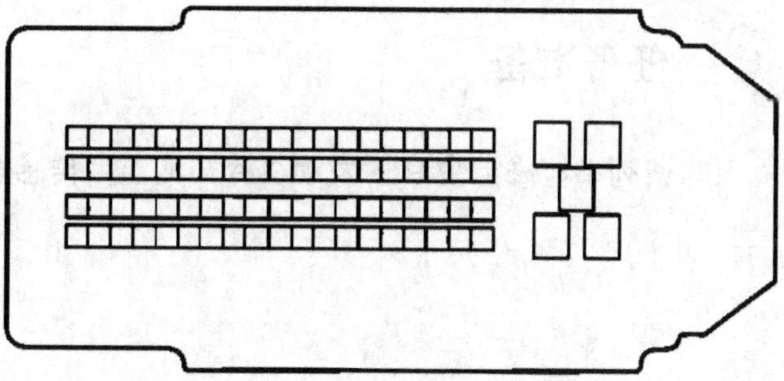

（b）发动机控制模块 ECM 端线束接头

图 13-1　宝骏 B15 发动机冷却液温度传感器电路相关线束接头位置示意图

4．在宝骏 B15 发动机冷却液温度传感器电路分解中，为什么发动机控制模块 ECM 会分别出现在低电平参考电压部分和信号部分？

二、宝骏 B15 发动机冷却液温度传感器电路故障点分析

仔细分析宝骏 B15 发动机冷却液温度传感器电路各故障点，并回答以下问题。

1．画出线路 410 对电压短路的等效电路图，写出线路 410 对电压短路的检测步骤。

2．画出线路 410 对搭铁短路的等效电路图，写出线路 410 对搭铁短路的检测步骤。

3．画出线路 410 开路的等效电路图，写出线路 410 开路的检测步骤。

4．画出线路 410 电阻过大的等效电路图，写出线路 410 电阻过大的检测步骤。

任务准备

1．请列举检修宝骏 B15 发动机冷却液温度传感器电路需使用的工具和设备。

2．请在表 13-1 中写出宝骏 B15 发动机冷却液温度传感器电路的检修步骤。

表 13-1　宝骏 B15 发动机冷却液温度传感器电路的检修步骤

步　骤	操　作	数　值	是	否

任务实施

按步骤检测宝骏 B15 发动机冷却液温度传感器电路，并将结果填入表 13-2 中。

表 13-2　宝骏 B15 发动机冷却液温度传感器电路检测与数据分析

序号	检 测 内 容	检测结果	检测结论
1	环境温度		
2	点火开关置于“ON”位置，数据流选项“冷却液温度传感器”参数		
点火开关置于“OFF”位置，断开冷却液温度传感器线束接头后，执行第 3～6 项操作			
3	线路 2761（冷却液温度传感器端）对搭铁电阻		
4	点火开关置于“ON”位置，数据流选项“冷却液温度传感器”参数		
5	使用带 3A 熔断器的跨接线跨接线路 410 与搭铁后，点火开关置于“ON”位置，数据流选项“进气温度传感器”参数值		
6	进气温度传感器两端电阻		
将点火开关置于“OFF”位置，静置车辆 2min 后，拆下 ECM 线束接头，执行第 7～10 项操作			
7	断开插接器 SP915 线束接头，线路 2761 端对端电阻		
8	线路 410 对搭铁电阻		
9	点火开关置于“ON”位置，线路 410 对搭铁电压		
10	线路 410 端对端电阻		

考核评价

一、考核要求

教师在宝骏 B15 发动机上预先设置冷却液温度传感器电路相关故障，学生按照本节所学内容在规定时间内独立将故障排除并填写作业表（表 13-3），在排除过程中达到以下要求：

（1）劳动用品穿戴标准，操作符合 6S 规范。

（2）正确填写故障现象/故障代码/异常数据流。

（3）检测流程科学合理，故障原因分析准确，维修措施得当。

（4）正确验证故障排除效果。

二、考核作业表

宝骏 B15 发动机冷却液温度电路检修考核作业表如表 13-3 所示。

表 13-3　宝骏 B15 发动机进气温度传感器电路检修考核作业表

故障现象/故障代码/异常数据流：
检测流程：
故障原因：
维修措施：

三、考核标准

配分与评分标准如表 13-4 所示。

表13-4　配分与评分标准表

序号	作业项目	考核要求	配分（分）	评分标准	考核记录	扣分	得分
1	劳动用品穿戴	劳保用品穿戴齐全	5	穿戴不全不得分			
2	读取故障代码/记录数据流/记录故障现象	按正确流程读取故障代码/正确记录数据流/正确记录故障现象	10	错一步扣2～5分			
3	故障检修	用正确的方法诊断故障	50	检测方法错误扣5～10分，检测流程错一处扣5～10分			
4	故障维修措施	用正确的方法清除故障	10	错一步扣2～5分			
5	验证检修效果	按照要求验证排除效果	10	验证方法不当扣5～10分，不进行验证扣20分			
6	正确使用工具、用具	工具、用具使用正确	5	一种工具、用具使用不正确扣1分，扣完为止			
				损坏丢失一件工具、用具不得分			
7	操作规程	操作规程执行情况	5	违反操作规程不得分			
8	清理现场	清理、擦洗并回收工具、用具	5	少收一件工具、用具扣1分，扣完为止			
				未回收不得分			
合计			100				

任务14 蒸发排放炭罐吹洗电磁阀电路检修

学习目标

（1）能分析宝骏 B15 发动机蒸发排放炭罐吹洗电磁阀电路。

（2）能准确识读宝骏 B15 发动机蒸发排放炭罐吹洗电磁阀电路检修流程。

（3）能根据宝骏 B15 发动机蒸发排放炭罐吹洗电磁阀电路检修流程独立检修相关故障。

信息收集

一、收集蒸发排放炭罐吹洗电磁阀电路基本信息

1．请描述蒸发排放炭罐吹洗电磁阀电路的作用：______________________________

____。

2．请分别画出宝骏 B15 发动机蒸发排放炭罐吹洗电磁阀电路中的点火电压部分和控制部分。

3．请在宝骏 B15 发动机上找出蒸发炭罐吹洗电磁阀电路的各个部件，并回答以下问题。

（1）线路 926 的颜色为__________；线路 5372 的颜色为__________。

（2）请在图 14-1 中标示出与线路 926 连接的线束接头端子位置。

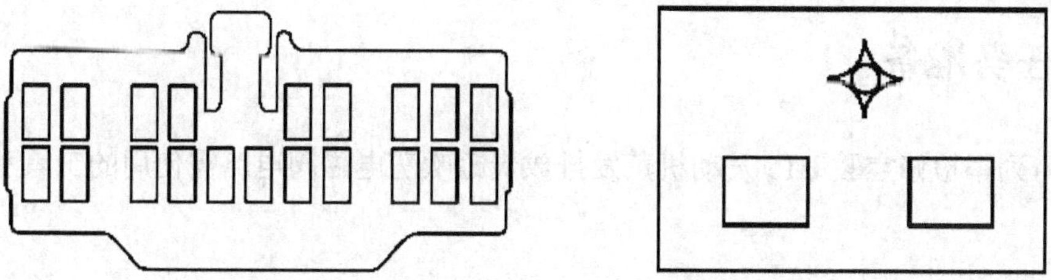

（a）熔断器盒 X50A 线束 X6 接头　　（b）蒸发排放炭罐吹洗电磁阀线束接头

图 14-1　宝骏 B15 发动机线路 926 接头端子位置示意图

（3）请在图 14-2 中分别标示出与线路 5372 连接的线束接头端子位置。

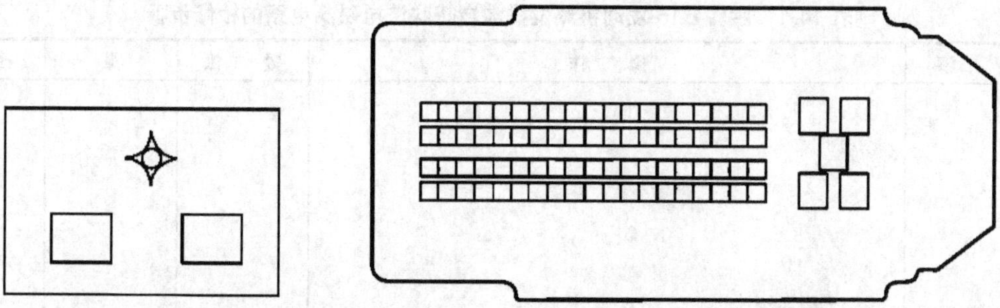

（a）蒸发排放炭罐吹洗电磁阀线束接头　　（b）发动机控制模块 ECM 线束接头

图 14-2　宝骏 B15 发动机线路 5372 接头端子位置示意

二、宝骏 B15 发动机蒸发排放炭罐吹洗电磁阀电路故障点分析

仔细分析宝骏 B15 发动机蒸发排放炭罐吹洗电磁阀电路各故障点，并回答以下问题。

1．画出线路 5372 对电压短路的等效电路图，写出线路 5372 对电压短路的检测步骤。

2．画出线路 5372 对搭铁短路的等效电路图，写出线路 5372 对搭铁短路的检测步骤。

3．画出线路 5372 开路的等效电路图，写出线路 5372 开路的检测步骤。

4．画出线路 5372 电阻过大的等效电路图，写出线路 5372 电阻过大的检测步骤。

任务准备

1. 请列举检修宝骏 B15 发动机蒸发排放炭罐吹洗电磁阀电路需使用的工具和设备。

2. 在表 14-1 中列出宝骏 B15 发动机蒸发排放炭罐吹洗电磁阀电路的检修步骤。

表 14-1 宝骏 B15 发动机蒸发排放炭罐吹洗电磁阀电路的检修步骤

步 骤	操 作	数 值	是	否

任务实施

按步骤检测宝骏 B15 发动机蒸发排放炭罐吹洗电磁阀电路，并将结果填入表 14-2 中。

表 14-2　宝骏 B15 发动机蒸发排放吹洗电磁阀电路检测与数据分析

序号	检测内容	检测结果	检测结论
点火开关置于“OFF”位置，断开蒸发排放炭罐吹洗电磁阀线束接头，执行第 1～3 项操作			
1	取下并观察熔断器 F24UA		
2	熔断器盒 X50A 内 F24UA 负载端插孔和搭铁电阻		
3	熔断器盒 X50A 内 F24UA 负载侧端子插口和线路 5294（蒸发排放吹洗电磁阀端）电阻		
点火开关置于“ON”位置，执行第 4～6 项操作			
4	试灯连接线路 926（蒸发排放炭罐吹洗电磁阀端）与搭铁，观察试灯		
5	使用试灯连接线路 5372（蒸发排放炭罐吹洗电磁阀端）与蓄电池正极，用故障诊断仪指令选项“蒸发排放炭罐吹洗电磁阀占空比”参数为 50%。观察测试灯		
6	使用试灯连接熔断器盒 X50A 内 F23UA 电源侧端子插口和搭铁，观察试灯		
断开熔断器盒 X50A 线束 X6 接头，执行第 7～8 项操作			
7	线路 926（蒸发排放炭罐电磁阀端）对搭铁电阻		
8	线路 926 端对端电阻		
点火开关置于“OFF”位置，静置车辆 2min 后断开发动机控制模块 ECM 线束接头，执行第 9～11 项操作			
9	线路 5372 对搭铁电阻		
10	线路 5372 端对端电阻		
11	点火开关置于“ON”位置，线路 5372 对搭铁电压		

考核评价

一、考核要求

教师在宝骏 B15 发动机上预先设置蒸发排放炭罐吹洗电磁阀电路相关故障，学生按照本节所学内容在 30min 内独立将故障排除并填写作业表（表 14-3），在排除过程中达到以下要求：

（1）劳动用品穿戴标准，操作符合 6S 规范。

（2）正确填写故障现象/故障代码/异常数据流。

（3）检测流程科学合理。

（4）故障原因分析准确。

（5）维修措施得当。

（6）验证故障排除效果。

二、考核作业表

宝骏 B15 发动机蒸发排放炭罐吹洗电磁阀电路检修考核作业表如表 14-3 所示。

表 14-3　宝骏 B15 发动机蒸发排放炭罐吹洗电磁阀电路检修考核作业表

故障现象/故障代码/异常数据流：
检测流程：
故障原因：
维修措施：

三、考核标准

配分与评分标准如表 14-4 所示。

表 14-4　配分与评分标准表

序号	作业项目	考核要求	配分（分）	评分标准	考核记录	扣分	得分
1	劳动用品穿戴	劳保用品穿戴齐全	5	穿戴不全不得分			
2	读取故障代码/记录数据流/记录故障现象	按正确流程读取故障代码/正确记录数据流/正确记录故障现象	10	错一步扣 2～5 分			
3	故障检修	用正确的方法诊断故障	50	检测方法错误扣 5～10 分，检测流程错一处扣 5～10 分			
4	故障维修措施	用正确的方法清除故障	10	错一步扣 2～5 分			
5	验证检修效果	按照要求验证排除效果	10	验证方法不当扣 5～10 分，不进行验证扣 20 分			
6	正确使用工具、用具	工具、用具使用正确	5	一种工具、用具使用不正确扣 1 分，扣完为止			
				损坏丢失一件工具、用具不得分			
7	操作规程	操作规程执行情况	5	违反操作规程不得分			
8	清理现场	清理、擦洗并回收工具、用具	5	少收一件工具、用具扣 1 分，扣完为止			
				未回收不得分			
合计			100				

任务15 加热型氧传感器电路检修

学习目标

（1）能分析宝骏 B15 发动机加热型氧传感器电路。
（2）能准确识读宝骏 B15 发动机加热型氧传感器电路检修流程。
（3）能根据宝骏 B15 发动机加热型氧传感器电路检修流程独立检修相关故障。

信息收集

一、收集加热型氧传感器电路基本信息

1．请描述加热型氧传感器电路的作用：____。

2．请分别画出宝骏 B15 发动机加热型氧传感器 1 电路中的点火电压部分、控制部分、低电平参考电压部分和信号部分。

3．请在宝骏 B15 发动机上找出加热型氧传感器电路的各个部件，并回答以下问题。

（1）线路 5290 的颜色为__________；线路 5291 的颜色为__________；线路 3113 的颜色为__________；线路 3111 的颜色为__________；线路 907 的颜色为__________；线路 1669 的颜色为__________；线路 1423 的颜色为__________。

（2）请在图 15-1 中标示出与线路 5290、线路 5291、线路 907、线路 1669、线路 1423、线路 3113 和线路 3111 连接的线束接头端子位置。

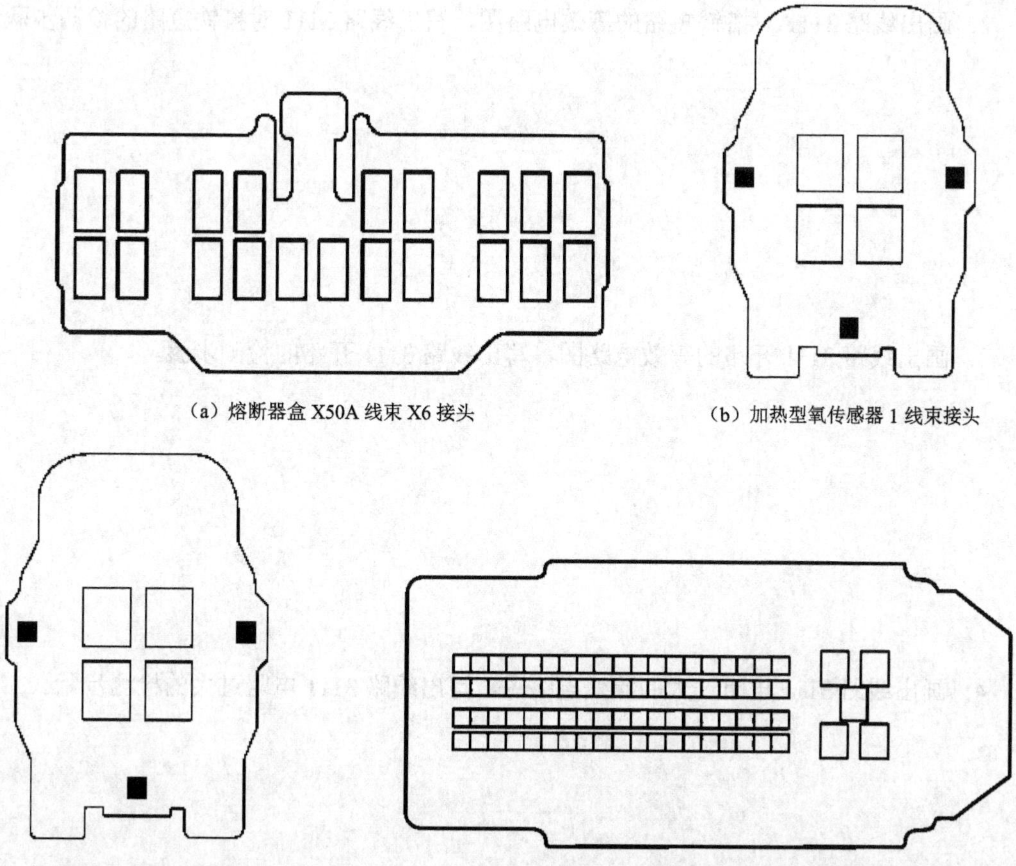

（a）熔断器盒 X50A 线束 X6 接头　（b）加热型氧传感器 1 线束接头

（c）加热型氧传感器 2 线束接头　（d）宝骏 B15 发动机控制单元 ECM 端子示意图

图 15-1　宝骏 B15 发动机氧传感器线束各接头端子位置示意图

4．在宝骏 B15 发动机加热型氧传感器 2 电路分解中，为什么发动机控制模块 ECM 会分别出现在低电平参考电压部分、信号部分和控制部分当中？

二、宝骏 B15 发动机加热型氧传感器电路故障点分析

仔细分析宝骏 B15 发动机加热型氧传感器电路各故障点，并回答以下问题。

1．画出线路 3111 对电压短路的等效电路图，写出线路 3111 对电压短路的检测步骤。

2．画出线路 3111 对搭铁短路的等效电路图，写出线路 3111 对搭铁短路的检测步骤。

3．画出线路 3111 开路的等效电路图，写出线路 3111 开路的检测步骤。

4．画出线路 3111 电阻过大的等效电路图，写出线路 3111 电阻过大的检测步骤。

任务准备

1．请列举检修宝骏 B15 发动机加热型氧传感器电路需使用的工具和设备。

2．在表 15-1 中列出宝骏 B15 发动机加热型氧传感器 2 电路的检修步骤。

表 15-1 宝骏 B15 发动机加热型氧传感器 2 电路检修步骤

步骤	操作	数值	是	否

任务实施

按步骤检测宝骏 B15 发动机加热型氧传感器电路，并将结果填入表 15-2 中。

表 15-2 宝骏 B15 发动机加热型氧传感器电路检测与数据分析

序号	检测内容	检测结果	检测结论
点火开关置于“OFF”位置，分别断开加热型氧传感器 1 和加热型氧传感器 2 线束接头，执行第 1～6 项操作			
1	线路 907（加热型氧传感器 1 端）对搭铁电阻		
2	线路 907（加热型氧传感器 2 端）对搭铁电阻		
3	取下并观察熔断器 F23UA		
4	熔断器盒 X50A 内 F23UA 负载端插孔和搭铁电阻		
5	熔断器盒 X50A 内 F23UA 负载侧端子插口和线路 5290（加热型氧传感器 1 端）电阻		
6	熔断器盒 X50A 内 F23UA 负载侧端子插口和线路 5290（加热型氧传感器 2 端）电阻		

续表

序号	检测内容	检测结果	检测结论
点火开关置于“ON”位置，执行第 7～15 项操作			
7	使用试灯连接线路 5290（加热型氧传感器 1 端）与搭铁，观察试灯		
8	使用试灯连接线路 5291（加热型氧传感器 2 端）与搭铁，观察试灯与蓄电池正极，		
9	使用试灯连接线路 3113（加热型氧传感器 1 端），使用故障诊断仪指令“加热型氧传感器加热器传感器 1”接通和断开，观察试灯		
10	使用试灯连接 1423（加热型氧传感器 2 端）与蓄电池正极，使用故障诊断仪指令“加热型氧传感器加热器传感器 2”接通和断开，观察试灯		
11	数据流选项“加热型氧传感器 1”		
12	数据流选项“加热型氧传感器 2”		
13	使用带 3A 熔断器的跨接线连接线路 3111（加热型氧传感器 1 端）与搭铁，数据流选项“加热型氧传感器 1”		
14	使用带 3A 熔断器的跨接线连接线路 1669（加热型氧传感器 2 端）与搭铁，数据流选项“加热型氧传感器 1”		
15	试灯连接熔断器盒 X50A 内 F23UA 电源侧端子插口和搭铁，观察试灯		
断开熔断器盒 X50A 线束 X6 接头，执行第 16～19 项操作			
16	线路 5290（加热型氧传感器 1 端）对搭铁电阻		
17	线路 5291（加热型氧传感器 1 端）对搭铁电阻		
18	线路 5290 端对端电阻		
19	线路 5291 端对端电阻		
点火开关置于“OFF”位置，静置车辆 2min 后，断开发动机控制模块 ECM 线束接头，执行第 20～29 项操作			
20	线路 907 发动机控制模块端对加热型氧传感器 1 端电阻		
21	线路 907 发动机控制模块端对加热型氧传感器 2 端电阻		
22	线路 3113 对搭铁电阻		
23	线路 3113 端对端电阻		
24	线路 1423 对搭铁电阻		
25	线路 1423 端对端电阻		
26	线路 3111 对搭铁电阻		
27	线路 3111 端对端电阻		
28	线路 1669 对搭铁电阻		
29	线路 1669 端对端电阻		
点火开关置于“ON”位置，执行第 30～33 项操作			
30	线路 3113 对搭铁电压		
31	线路 1423 对搭铁电压		
32	线路 3111 对搭铁电压		
33	线路 1669 对搭铁电压		

考核评价

一、考核要求

教师在宝骏 B15 发动机上预先设置加热型氧传感器电路相关故障，学生按照本节所学内容在 30min 内独立将故障排除并填写作业表（表 15-3），在排除过程中达到以下要求：

（1）劳动用品穿戴标准，操作符合 6S 规范。
（2）正确填写故障现象/故障代码/异常数据流。
（3）检测流程科学合理。
（4）故障原因分析准确。
（5）维修措施得当。
（6）验证故障排除效果。

二、考核作业表

宝骏 B15 发动机加热型氧传感器电路检修考核作业表如表 15-3 所示。

表 15-3　宝骏 B15 发动机加热型氧传感器电路检修考核作业表

故障现象/故障代码/异常数据流：
检测流程：
故障原因：
维修措施：

三、考核标准

配分与评分标准如表 15-4 所示。

表 15-4 配分与评分标准表

序号	作业项目	考核要求	配分（分）	评分标准	考核记录	扣分	得分
1	劳动用品穿戴	劳保用品穿戴齐全	5	穿戴不全不得分			
2	读取故障代码/记录数据流/记录故障现象	按正确流程读取故障代码/正确记录数据流/正确记录故障现象	10	错一步扣 2～5 分			
3	故障检修	用正确的方法诊断故障	50	检测方法错误扣 5～10 分，检测流程错一处扣 5～10 分			
4	故障维修措施	用正确的方法清除故障	10	错一步扣 2～5 分			
5	验证检修效果	按照要求验证排除效果	10	验证方法不当扣 5～10 分，不进行验证扣 20 分			
6	正确使用工具、用具	工具、用具使用正确	5	一种工具、用具使用不正确扣 1 分，扣完为止			
				损坏丢失一件工具、用具不得分			
7	操作规程	操作规程执行情况	5	违反操作规程不得分			
8	清理现场	清理、擦洗并回收工具、用具	5	少收一件工具、用具扣 1 分，扣完为止			
				未回收不得分			
合计			100				

任务 16　废气再循环阀电路检修

学习目标

（1）能分析宝骏 B15 发动机废气再循环阀电路。
（2）能准确识读宝骏 B15 发动机废气再循环阀电路检修流程。
（3）能根据宝骏 B15 发动机废气再循环阀电路检修流程独立检修相关故障。

信息收集

一、收集废气再循环阀电路基本信息

1．请描述废气再循环阀电路的作用：____
____。

2．请分别画出宝骏 B15 发动机废气再循环阀电路中的点火电压部分、控制部分、低电平参考电压部分、5V 参考电压部分和信号部分。

3．请在宝骏 B15 发动机上找出加热型氧传感器电路的各个部件，并回答以下问题。

（1）线路 5292 的颜色为__________；线路 6754 的颜色为__________；线路 915 的颜色为__________；线路 1456 的颜色为__________；线路 914 的颜色为__________。

（2）请在图 16-1 中标示出与线路 5292、线路 6754、线路 915、线路 1456 和线路 914 连接的线束接头端子位置。

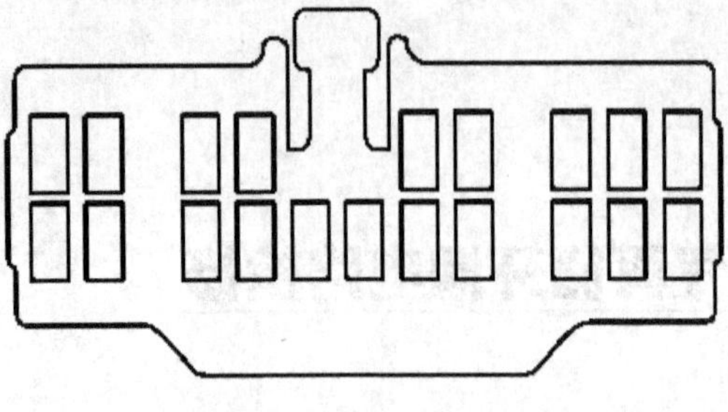

（a）熔断器盒 X50A 线束 X6 接头

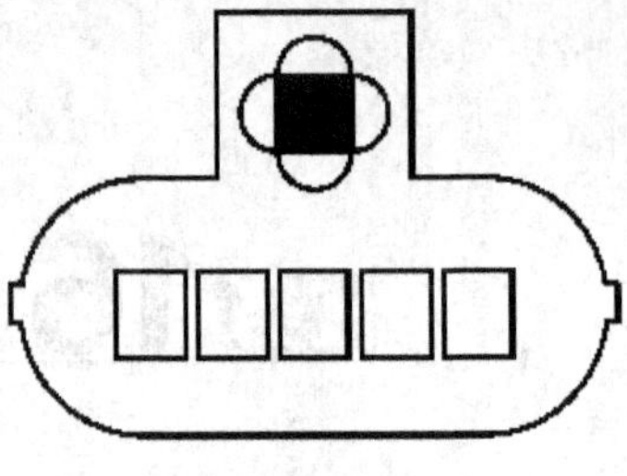

（b）废气再循环阀线束接头

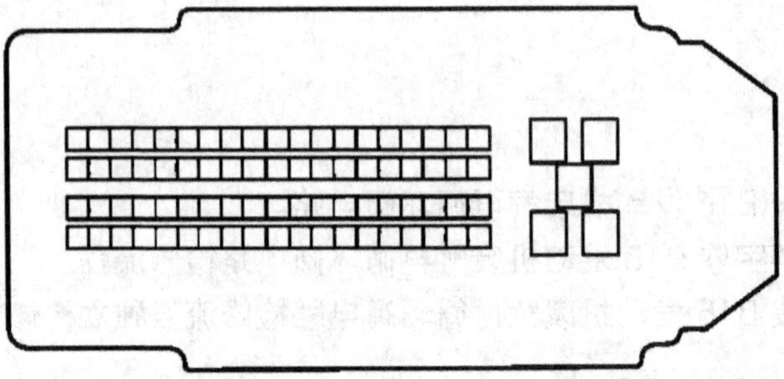

（c）宝骏 B15 发动机控制单元 ECM 端子示意图

图 16-1　宝骏 B15 发动机废气再循环阀线路各接头端子位置示意

4．在宝骏 B15 发动机废气再循环阀电路分解中，为什么发动机控制模块 ECM 会分别出现在低电平参考电压部分、信号部分、控制部分和 5V 参考电压部分当中？

二、宝骏 B15 发动机废气再循环阀电路故障点分析

仔细分析宝骏 B15 发动机废气再循环阀电路各故障点，并回答以下问题。

1．画出线路 1456 对电压短路的等效电路图，写出线路 1456 对电压短路的检测步骤。

2．画出线路 1456 对搭铁短路的等效电路图，写出线路 1456 对搭铁短路的检测步骤。

3．画出线路 1456 开路的等效电路图，写出线路 1456 开路的检测步骤。

4．画出线路 1456 电阻过大的等效电路图，写出线路 1456 电阻过大的检测步骤。

任务准备

1．请列举检修宝骏 B15 发动机废气再循环阀电路需使用的工具和设备。

2．在表 16-1 中列出宝骏 B15 发动机废气再循环阀电路的检修步骤。

表 16-1　宝骏 B15 发动机废气再循环阀电路的检修步骤

步　骤	操　作	数　值	是	否

任务实施

按步骤检测宝骏 B15 发动机废气再循环阀电路，并将结果填入表 16-2 中。

表 16-2　宝骏 B15 发动机废气再循环阀电路检测与数据分析

序号	检测内容	检测结果	检测结论
点火开关置于“OFF”位置，断开废气再循环阀线束接头，执行第 1～4 项操作			
1	线路 915（废气再循环阀端）对搭铁电阻		
2	取下并观察熔断器 F23UA		
3	熔断器盒 X50A 内 F23UA 负载端插孔和搭铁电阻		
4	熔断器盒 X50A 内 F23UA 负载侧端子插口和线路 5292（废气再循环阀端）电阻		
点火开关置于“ON”位置，执行第 5～10 项操作			
5	使用试灯连接线路 5292（废气再循环阀端）与搭铁，观察试灯		
6	使用试灯连接线路 6754（废气再循环阀端）与蓄电池正极，指令“废气再循环阀”接通和断开，观察试灯		
7	线路 914（废气再循环阀端）对搭铁电压		
8	数据流选项“废气再循环阀”数值		
9	使用带 3A 熔断器的跨接线连接线路 1456 与线路 915 后，数据流选项“废气再循环阀”数值		
10	使用试灯连接熔断器盒 X50A 内 F23UA 电源侧端子插口和搭铁，观察试灯		
断开熔断器盒 X50A 线束 X6 接头，执行第 11～12 项操作			
11	线路 5292（废气再循环阀端）对搭铁电阻		
12	线路 5292 端对端电阻		
点火开关置于“OFF”位置，静置车辆 2min 后，断开发动机控制模块 ECM 线束接头，执行第 13～19 项操作			
13	线路 915 端对端电阻		
14	线路 6754 对搭铁电阻		
15	线路 6754 端对端电阻		
16	线路 914 对搭铁电阻		
17	线路 914 端对端电阻		
18	线路 1456 对搭铁电阻		
19	线路 1456 端对端电阻		
点火开关置于“ON”位置，执行第 20～22 项操作			
20	线路 6754 对搭铁电压		
21	线路 914 对搭铁电压		
22	线路 1456 对搭铁电压		

考核评价

一、考核要求

教师在宝骏 B15 发动机上预先设置废气再循环阀电路相关故障，学生按照本节所学内容在 30min 内独立将故障排除并填写作业表，在排除过程中达到以下要求：

（1）劳动用品穿戴标准，操作符合 6S 规范。
（2）正确填写故障现象/故障代码/异常数据流。
（3）检测流程科学合理。
（4）故障原因分析准确。
（5）维修措施得当。
（6）验证故障排除效果。

二、考核作业表

宝骏 B15 发动机废气再循环阀电路检修考核作业表如表 16-3 所示。

表 16-3　宝骏 B15 发动机废气再循环阀电路检修考核作业表

故障现象/故障代码/异常数据流：
检测流程：
故障原因：
维修措施：

三、考核标准

配分与评分标准如表 16-4 所示。

表 16-4　配分与评分标准表

序号	作业项目	考核要求	配分（分）	评分标准	考核记录	扣分	得分
1	劳动用品穿戴	劳保用品穿戴齐全	5	穿戴不全不得分			
2	读取故障代码/记录数据流/记录故障现象	按正确流程读取故障代码/正确记录数据流/正确记录故障现象	10	错一步扣 2～5 分			
3	故障检修	用正确的方法诊断故障	50	检测方法错误扣 5～10 分，检测流程错一处扣 5～10 分			
4	故障维修措施	用正确的方法清除故障	10	错一步扣 2～5 分			
5	验证检修效果	按照要求验证排除效果	10	验证方法不当扣 5～10 分，不进行验证扣 20 分			
6	正确使用工具、用具	工具、用具使用正确	5	一种工具、用具使用不正确扣 1 分，扣完为止			
				损坏丢失一件工具、用具不得分			
7	操作规程	操作规程执行情况	5	违反操作规程不得分			
8	清理现场	清理、擦洗并回收工具、用具	5	少收一件工具、用具扣 1 分，扣完为止			
				未回收不得分			
合计			100				

反侵权盗版声明

电子工业出版社依法对本作品享有专有出版权。任何未经权利人书面许可，复制、销售或通过信息网络传播本作品的行为；歪曲、篡改、剽窃本作品的行为，均违反《中华人民共和国著作权法》，其行为人应承担相应的民事责任和行政责任，构成犯罪的，将被依法追究刑事责任。

为了维护市场秩序，保护权利人的合法权益，我社将依法查处和打击侵权盗版的单位和个人。欢迎社会各界人士积极举报侵权盗版行为，本社将奖励举报有功人员，并保证举报人的信息不被泄露。

举报电话：（010）88254396；（010）88258888

传　　真：（010）88254397

E-mail：　dbqq@phei.com.cn

通信地址：北京市万寿路 173 信箱

　　　　　电子工业出版社总编办公室

邮　　编：100036